CUADERNO DE ACTIVI

DESCUBRE

Lengua y cultura del mundo hispánico

NIVEL 1

Blanco • Donley

VISTA
HIGHER LEARNING

Boston, Massachusetts

ISBN: 978-1-60007-255-0

6 7 8 9 MA 16 15 14 13 12

Table of Contents

communication activities

Lección 1

Estudiante 1

Sopa de letras (*Wordsearch*) You have half of the words in the wordsearch, and your partner has the other half. To complete it, pick a number and a letter and say them to your partner. If he or she has a letter in the corresponding space, he or she must tell you. Write down the letter your partner tells you in the corresponding space and go again. If there is no letter in the space you asked about, your partner should say **cero** and take a turn. Follow the model and continue until you have all six words. The words can be read horizontally, diagonally, or vertically. You start.

> **modelo**
>
> **Estudiante 2:** *8D*
> **Estudiante 1:** *cero. 10E*
> **Estudiante 2:** *jota*
> *You write down* J *in box* 10E *and play on.*

Clue: All six words are connected.

	1	2	3	4	5	6	7	8	9	10	11
A	C										
B		O				C			P		
C			M			A			A		
D				P		P			S		
E					U	I			A		
F						T			J		
G						A	A		E		
H						L		D	R		
I									O		
J										R	
K											A

Now that you have the six words, group them in these three categories. Compare your results with your partner's.

Personas	**Cosas**	**Lugares (*places*)**
_____	_____	_____
_____	_____	_____

communication activities

Lección 1

Estudiante 2

Sopa de letras (Wordsearch) You have half of the words in the wordsearch, and your partner has the other half. To complete it, pick a number and a letter and say them to your partner. If he or she has a letter in the corresponding space, he or she must tell you. Write down the letter your partner tells you in the corresponding space and go again. If there is no letter in the space you asked about, your partner should say **cero** and take a turn. Follow the model and continue until you have all six words. The words can be read horizontally, diagonally, or vertically. Your partner starts.

> **modelo**
> **Estudiante 2:** 8D
> **Estudiante 1:** cero. 10E
> **Estudiante 2:** jota
> You write down J in box 10E and play on.

Clue: All six words are connected.

	1	2	3	4	5	6	7	8	9	10	11
A	C	O	N	D	U	C	T	O	R		
B	U										
C	A										
D	D										
E	E										
F	R										
G	N										
H	O										
I											
J											
K					E	S	C	U	E	L	A

Now that you have the six words, group them in these three categories. Compare your results with your partner's.

Personas	**Cosas**	**Lugares (places)**
_____	_____	_____
_____	_____	_____

Nombre _____ Fecha _____

communication activities

Lección 1

Estudiante 1

¿Qué hora es? You and your partner each have half of the information you need to complete this chart. To complete your charts, ask and answer questions about what time it is now in other cities and capitals of the world. You will provide your partner with the times he or she needs, and you should fill in the empty spaces on your chart with the times provided by your partner. Follow the model. You begin; start with San Francisco and continue downwards.

> **modelo**
>
> **Estudiante 1:** ¿Qué hora es ahora en Madrid?
> **Estudiante 2:** Ahora son las cinco de la tarde en Madrid.
> *(You write down* 5:00 p.m. *next to* Madrid.)
> **Estudiante 2:** ¿Qué hora es ahora en Atenas?
> **Estudiante 1:** Son...

Ciudad	¿Qué hora es?
San Francisco	
la Ciudad de México	10:00 a.m.
Toronto	
Quito	11:00 a.m.
Buenos Aires	
Londres (*London*)	4:00 p.m.
Madrid	5:00 p.m.
Atenas (*Athens*)	6:00 p.m.
Moscú (*Moscow*)	
Nairobi	7:00 p.m.
Nueva Delhi	
Tokio	1:00 a.m.
Sydney	

Now, answer these questions and compare your answers with your partner's. Answer in complete sentences and write out the words for the numbers.

1. Son las 8:15 p.m. en Nairobi. ¿Qué hora es en Sydney?

_____

2. Son las 6:45 a.m. en Toronto. ¿Qué hora es en Londres?

_____

3. Son las 5:20 p.m. en Moscú. ¿Qué hora es en la Ciudad de México?

_____

4. Son las 9:55 p.m. en Tokio. ¿Qué hora es en Atenas?

_____

5. Son las 11:10 a.m. en Quito. ¿Qué hora es en San Francisco?

_____

© by Vista Higher Learning. All rights reserved. **Lección 1** Communication Activities **3**

communication activities

Estudiante 2

¿Qué hora es? You and your partner each have half of the information you need to complete this chart. To complete your charts, ask and answer questions about what time it is now in other cities and capitals of the world. You will provide your partner with the times he or she needs, and you should fill in the empty spaces on your chart with the times provided by your partner. Follow the model. Your partner begins; start with San Francisco and continue downwards.

> **modelo**
>
> **Estudiante 1:** ¿Qué hora es ahora en Madrid?
> **Estudiante 2:** Ahora son las *cinco de la tarde* en Madrid.
> *(You write down* 5:00 p.m. *next to* Madrid.*)*
> **Estudiante 2:** ¿Qué hora es ahora en Atenas?
> **Estudiante 1:** Son...

Ciudad	¿Qué hora es?
San Francisco	8:00 a.m.
la Ciudad de México	
Toronto	11:00 a.m.
Quito	
Buenos Aires	1:00 p.m.
Londres (*London*)	
Madrid	5:00 p.m.
Atenas (*Athens*)	
Moscú (*Moscow*)	7:00 p.m.
Nairobi	
Nueva Delhi	9:30 p.m.
Tokio	
Sydney	3:00 a.m.

Now, answer these questions and compare your answers with your partner's. Answer in complete sentences and write out the words for the numbers.

1. Son las 8:15 p.m. en Nairobi. ¿Qué hora es en Sydney?

_____

2. Son las 6:45 a.m. en Toronto. ¿Qué hora es en Londres?

_____

3. Son las 5:20 p.m. en Moscú. ¿Qué hora es en la Ciudad de México?

_____

4. Son las 9:55 p.m. en Tokio. ¿Qué hora es en Atenas?

_____

5. Son las 11:10 a.m. en Quito. ¿Qué hora es en San Francisco?

_____

communication activities

Estudiante 1

5 **¿A qué distancia...?** (student text p. 65) You and your partner have incomplete charts that indicate the distances between Madrid and various locations. Fill in the missing information on your chart by asking your partner questions.

> **modelo**
>
> **Estudiante 1:** ¿A qué distancia está Arganda del Rey?
> **Estudiante 2:** Está a veintisiete kilómetros de Madrid.

Alcalá de Henares	Aranjuez	Arganda del Rey	Chinchón	El Escorial	Guadalajara	Segovia	Toledo	Valdemoro
30		27		50		87		26

Lección 2 Communication Activities **5**

Communication Activities

communication activities   Lección 2

Estudiante 2

5 **¿A qué distancia...?** (student text p. 65) You and your partner have incomplete charts that indicate the distances between Madrid and various locations. Fill in the missing information on your chart by asking your partner questions.

> **modelo**
> Estudiante 1: ¿A qué distancia está Arganda del Rey?
> Estudiante 2: Está a veintisiete kilómetros de Madrid.

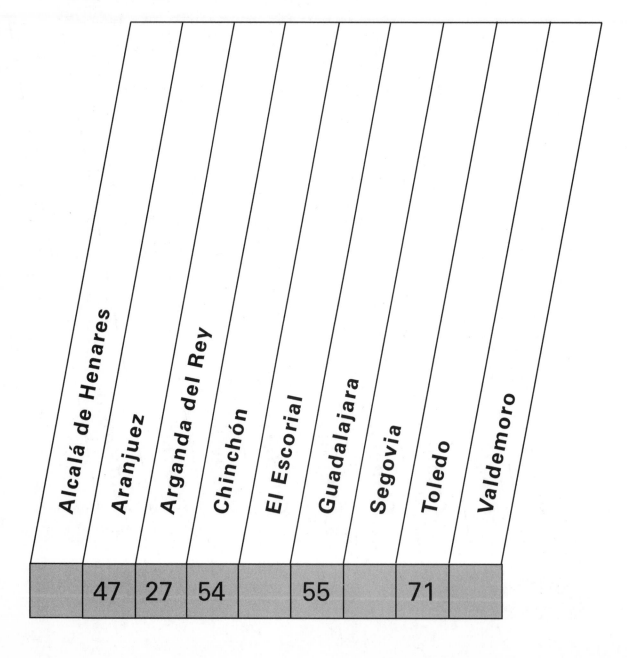

Alcalá de Henares	Aranjuez	Arganda del Rey	Chinchón	El Escorial	Guadalajara	Segovia	Toledo	Valdemoro
	47	27	54		55		71	

communication activities

Lección 2

Estudiante 1

¿Quién es Pedro? Complete the information about Pedro. Your partner has the information you are missing. Using the cues you see, ask him or her the correct questions and give him or her answers in complete sentences. Follow the model. Take notes in both the **Preguntas** column and the **Respuestas** column, because you will have to reconstruct all the information at the end. You start.

> **modelo**
>
> **Estudiante 1 sees:** ¿Quién (ser) Pedro?
> **Estudiante 2 sees:** estudiante/ciencias/periodismo
> **Estudiante 1 says:** ¿Quién es Pedro?
> **Estudiante 2 says:** Pedro es un estudiante de ciencias y periodismo.

Preguntas	Respuestas
1. ¿Quién (ser) Pedro?	
2.	Pedro Raúl Vidal Ruiz
3. ¿De dónde (ser) Pedro?	
4.	Universidad/Sevilla/España
5. ¿Cuántas materias (tomar) en un semestre y cuáles (ser)?	
6.	física/química
7. ¿Qué clases (tomar) los martes y los jueves?	
8.	7:30
9. ¿Cuántos estudiantes (haber) en la clase de química?	
10.	68
11. ¿Dónde (desayunar)?	
12.	residencia estudiantil/6:30/tarde
13. ¿A qué hora (regresar) a la residencia estudiantil?	
14.	laboratorio/universidad
15. ¿Quién (ser) Miguel?	
16.	Julián Gutiérrez
17. ¿Dónde (practicar) el español?	
18.	librería/universidad
19. ¿Cuándo (escuchar) música?	
20.	no/domingos/descansar

Now, write down everything you have learned about Pedro on a separate sheet of paper.

Lección 2 Communication Activities **7**

communication activities   Lección 2

Estudiante 2

¿Quién es Pedro? Complete the information about Pedro. Your partner has the information you are missing. Using the cues you see, ask him or her the correct questions and give him or her answers in complete sentences. Follow the model. Take notes in both the **Preguntas** column and the **Respuestas** column, because you will have to reconstruct all the information at the end. Your partner starts.

> **modelo**
>
> **Estudiante 1 sees:** ¿Quién (ser) Pedro?
> **Estudiante 2 sees:** estudiante/ciencias/periodismo
> **Estudiante 1 says:** ¿Quién es Pedro?
> **Estudiante 2 says:** Pedro es un estudiante de ciencias y periodismo.

Preguntas	Respuestas
1.	estudiante/ciencias/periodismo
2. ¿Cuál (ser) el nombre completo?	
3.	California/Estados Unidos
4. ¿Dónde (estudiar)?	
5.	cuatro/física/química/sociología/español
6. ¿Qué clases (tomar) los lunes y los miércoles?	
7.	sociología/español
8. ¿A qué hora (llegar) a la universidad por la mañana?	
9.	93
10. ¿Cuántos estudiantes (haber) en la clase de sociología?	
11.	cafetería/universidad
12. ¿Dónde (cenar) y a qué hora?	
13.	6/tarde
14. ¿Dónde (preparar) Pedro la tarea de química?	
15.	compañero cuarto/Pedro
16. ¿Cómo (llamarse) el profesor de español?	
17.	laboratorio/lenguas extranjeras
18. ¿Dónde (comprar) los libros?	
19.	sábados/domingos
20. ¿(Estudiar) los domingos?	

Now, write down everything you have learned about Pedro on a separate sheet of paper.

communication activities

Comunicación

4 **Encuesta** (student text p. 58) Change the categories in the first column into questions, and then use them to survey your classmates. Find at least one person for each category. Be prepared to report the results of your survey to the class.

Categorías	Nombre de tu compañero/a	Nombre de tu compañero/a
1. estudiar computación		
2. tomar una clase de psicología		
3. dibujar bien		
4. cantar bien		
5. escuchar música clásica		
6. escuchar jazz		
7. hablar mucho en clase		
8. desear viajar a España		

communication activities

Estudiante 1

6 **Diferencias** (student text p. 92) You and your partner each have a drawing of a family. Find at least five more differences between your picture and your partner's.

> **modelo**
>
> **Estudiante 1:** Susana, la madre, es rubia.
> **Estudiante 2:** No, la madre es morena.

Communication Activities

communication activities

Lección 3

Estudiante 2

6 **Diferencias** (student text p. 92) You and your partner each have a drawing of a family. Find at least five more differences between your picture and your partner's.

> **modelo**
>
> **Estudiante 1:** Susana, la madre, es rubia.
> **Estudiante 2:** No, la madre es morena.

communication activities   **Lección 3**

Estudiante 1

6 **Horario** (student text p. 99) You and your partner each have incomplete versions of Alicia's schedule. Fill in the missing information on the schedule by talking to your partner. Be prepared to reconstruct Alicia's complete schedule with the class.

> **modelo**
> **Estudiante 1:** A las *ocho*, Alicia *corre.*
> **Estudiante 2:** ¡Ah, sí! (*Writes down information*)
> **Estudiante 2:** A las *nueve,* ella…

Mi agenda
20 de octubre

8:00 correr

9:00

9:30 deber ir (*go*) a la universidad

10:00

11:00

12:30 comer en la cafetería con Roberto y Luis

2:00 recibir y escribir correo electrónico (*e-mail*)

3:00

4:00 leer en la biblioteca

5:00

8:00 deber estar en casa y estudiar

Now compare your own daily planners to Alicia's.

Communication Activities

communication activities   **Lección 3**

Estudiante 2

6 **Horario** (student text p. 99) Your and your partner each have incomplete versions of Alicia's schedule. Fill in the missing information on the schedule by talking to your partner. Be prepared to reconstruct Alicia's complete schedule with the class.

> **modelo**
>
> **Estudiante 1:** A las *ocho*, Alicia *corre*.
> **Estudiante 2:** ¡Ah, sí! (*Writes down information*)
> **Estudiante 2:** A las *nueve*, ella…

Mi agenda
20 de octubre

8:00

9:00   desayunar

9:30

10:00   asistir a la clase de historia

11:00   asistir a la clase de arte

12:30

2:00

3:00   Compartir el libro de historia con Margarita en
       la biblioteca

4:00

5:00   Cenar en un restaurante con Marcos

8:00

Now compare your own daily planners to Alicia's.

communication activities

Comunicación

5 **Encuesta** (student text p. 99) Walk around the class and ask a different classmate a question about his/her family members. Be prepared to report the results of your survey to the class.

Actividades	Miembros de la familia
1. vivir en una casa	
2. beber café	
3. correr todos los días (*every day*)	
4. comer mucho en restaurantes	
5. recibir mucho correo electrónico (*e-mails*)	
6. comprender tres lenguas	
7. deber estudiar más (*more*)	
8. leer muchos libros	

communication activities

Lección 4

Estudiante 1

¿Qué vas a hacer (*to do*)? Plan a weekend for yourself from the options provided. Pick one activity for each time frame, and write **yo** on the line provided. Then, interview your partner; answer his or her questions about your plans, and ask questions about what he or she will do this weekend. If you guess incorrectly, it is your partner's turn. If you guess correctly, write your partner's name below the image and make your guess for the next time frame. You start.

modelo

Estudiante 1: ¿Qué vas a hacer el viernes por la noche?
¿Vas a ir a un partido de baloncesto de la NBA?
Estudiante 2: No, no voy a ir a un partido de baloncesto de la NBA. (*If he or she didn't mark it*)
Sí, voy a ir a un partido de baloncesto de la NBA. (*If he or she marked it*)

El viernes por la tarde				
El sábado por la mañana				
El sábado por la tarde				
El domingo por la mañana				
El domingo por la tarde				

Now, answer these questions.

1. What is your partner going to do for the weekend?

_____

2. Did you both choose the same activities? If so, which ones?

_____

Lección 4 Communication Activities | **17**

communication activities

Lección 4

Estudiante 2

¿Qué vas a hacer (*to do*)? Plan a weekend for yourself from the options provided. Pick one activity for each time frame, and write **yo** on the line provided. Then, interview your partner; answer his or her questions about your plans, and ask questions about what he or she will do this weekend. If you guess incorrectly, it is your partner's turn. If you guess correctly, write your partner's name below the image and make your guess for the next time frame. Your partner starts.

> **modelo**
>
> **Estudiante 1:** ¿Qué vas a hacer el viernes por la noche?
> ¿Vas a ir a un partido de baloncesto de la NBA?
> **Estudiante 2:** No, no voy a ir a un partido de baloncesto de la NBA. (*If he or she didn't mark it*)
> Sí, voy a ir a un partido de baloncesto de la NBA. (*If he or she marked it*)

El viernes por la tarde				
El sábado por la mañana				
El sábado por la tarde				
El domingo por la mañana				
El domingo por la tarde				

Now, answer these questions.

1. What is your partner going to do for the weekend?

_____

2. Did you both choose the same activities? If so, which ones?

_____

communication activities   Lección 4

Estudiante 1

6 **Situación** (student text p. 132) You and your partner each have a partially illustrated itinerary of a city tour. Complete the itineraries by asking each other questions using the verbs in the captions and vocabulary you have learned.

> **modelo**
>
> **Estudiante 1:** Por la mañana, empiezan en el café.
> **Estudiante 2:** Y luego…

Vocabulario útil

después *afterwards*	por la mañana *in the morning*
luego *later*	por la noche *at night*
más tarde *later*	por la tarde *in the afternoon*

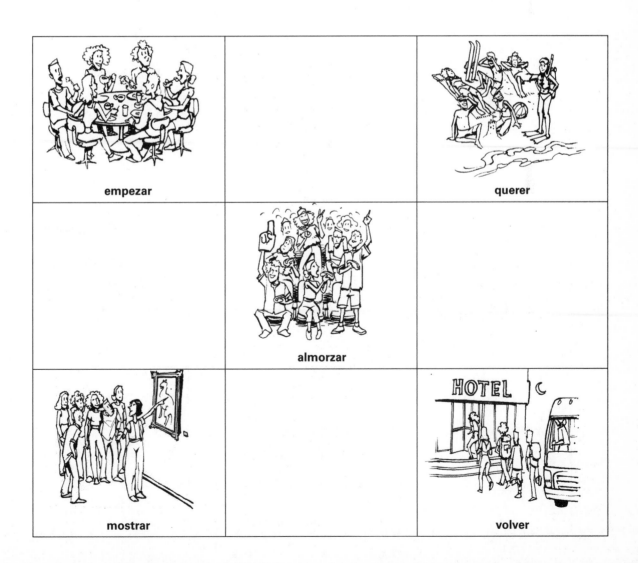

empezar		querer
	almorzar	
mostrar		**volver**

communication activities

Lección 4

Estudiante 2

6 **Situación** (student text p. 132) You and your partner each have a partially illustrated itinerary of a city tour. Complete the itineraries by asking each other questions using the verbs in the captions and vocabulary you have learned.

> **modelo**
>
> **Estudiante 1:** Por la mañana, empiezan en el café.
> **Estudiante 2:** Y luego…

Vocabulario útil

después *afterwards*	por la mañana *in the morning*
luego *later*	por la noche *at night*
más tarde *later*	por la tarde *in the afternoon*

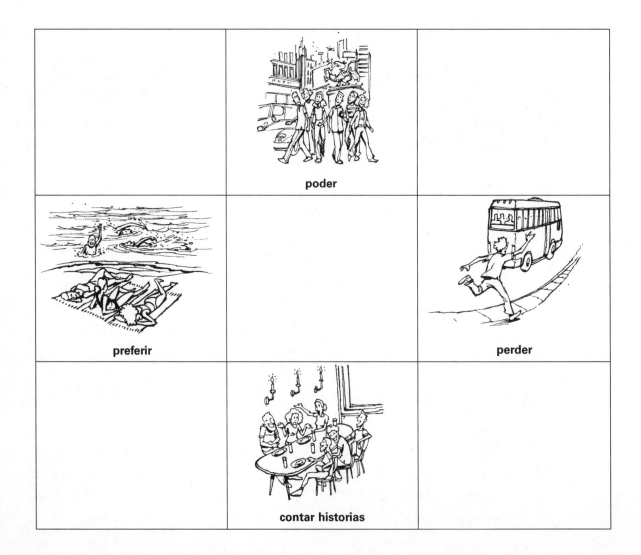

poder

preferir

perder

contar historias

communication activities

Comunicación

5 **Encuesta** (student text p. 128) Walk around the class and ask your classmates if they are going to do these activities today. Find one person to answer **Sí** and one to answer **No** for each item and note their names on the worksheet in the appropriate column. Be prepared to report your findings to the class.

modelo

Tú: ¿Vas a leer el periódico hoy?
Ana: Sí, voy a leer el periódico hoy. *(You write **Ana** under **Sí**)*
Luis: No, no voy a leer el periódico hoy. *(You write **Luis** under **No**)*

Actividades	Sí	No
1. comer en un restaurante chino		
2. leer el periódico		
3. escribir un mensaje electrónico		
4. correr 20 kilómetros		
5. ver una película de horror		
6. pasear en bicicleta		

communication activities

Lección 5

Estudiante 1

15 **Un viaje** (student text p. 157) You are planning a trip to Mexico and have many questions about your itinerary on which your partner, a travel agent, will advise you. You and your partner each have a handout with different instructions for acting out the roles.

Cliente/a

You have an appointment to meet with your travel agent to discuss your upcoming vacation to Mexico. You want to arrive on Monday, March 6 and return on Saturday, March 11. Your ideal destination offers a wide range of daytime and nighttime activities, a warm and sunny climate, and nice beaches. Look at the map and ask your travel agent questions to find out about places that interest you.

> ### Vocabulario útil
>
> ¿Qué tiempo hace en…?
> Mis preferencias son…
> Mis actividades favoritas son…
> Las fechas del viaje son…

communication activities   Lección 5

Estudiante 2

15 **Un viaje** (student text p. 157) Your partner is planning a trip to Mexico and has many questions
about the itinerary on which you, a travel agent, will advise him or her. You and your partner each
have a handout with different instructions for acting out the roles.

Agente

You are a travel agent who is meeting with a client about his or her upcoming vacation to Mexico. Look at
the map in order to answer your client's questions about the weather and activities at places he or she might
want to visit. After your client has made his or her decisions, record his or her vacation plans and other
pertinent information on your office form.

VIAJES PARAÍSO

Nombre y apellidos _____

Teléfono _____

Viaja a _____

Fechas del _____ al _____

Viajan _____ personas

Actividades _____
_____

communication activities

Estudiante 1

7 **¿Qué están haciendo?** (student text p. 169) A group of classmates is traveling to San Juan, Puerto Rico for a week-long Spanish immersion program. The participants are running late before the flight, and you and your partner must locate them. You and your partner each have different handouts that will help you do this.

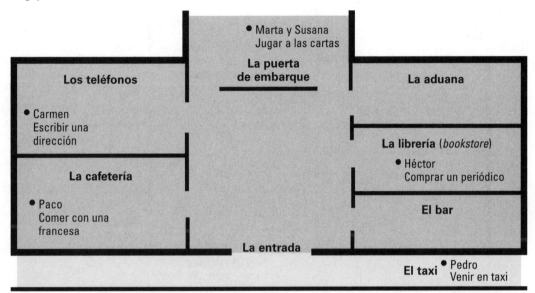

¿Dónde está(n)?	¿Qué está(n) haciendo?
1. Alicia	
2. Azucena	
3. Carmen	
4. Felipe	
5. Héctor	
6. Mario y José	
7. Marta y Susana	
8. Paco	
9. Pedro	
10. Roberto	

Lección 5 Communication Activities **25**

communication activities   **Lección 5**

Estudiante 2

7   **¿Qué están haciendo?** (student text p. 169) A group of classmates is traveling to San Juan, Puerto Rico for a week-long Spanish immersion program. The participants are running late before the flight, and you and your partner must locate them. You and your partner each have different handouts that will help you do this.

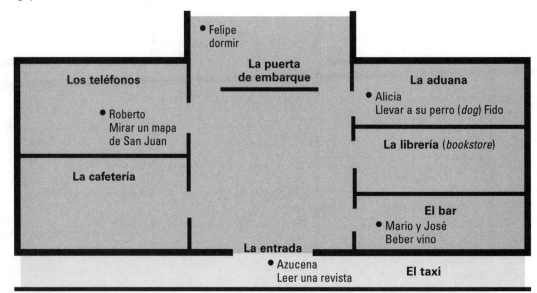

¿Dónde está(n)?	¿Qué está(n) haciendo?
1. Alicia	
2. Azucena	
3. Carmen	
4. Felipe	
5. Héctor	
6. Mario y José	
7. Marta y Susana	
8. Paco	
9. Pedro	
10. Roberto	

communication activities   Lección 5

Comunicación

12 **Encuesta** (student text p. 157) How does the weather affect what you do? Walk around the class and ask your classmates what they prefer or like to do in the weather conditions given. Note their responses on your worksheet. Make sure to personalize your survey by adding a few original questions to the list. Be prepared to report your findings to the class.

Tiempo	Actividades	Actividades
1. Hace mucho calor.		
2. Nieva.		
3. Hace buen tiempo.		
4. Hace fresco.		
5. Llueve.		
6. Está nublado.		
7. Hace mucho frío.		
8.		
9.		
10.		

Lección 5 Communication Activities

communication activities

Lección 6

Estudiante 1

5 **El fin de semana** (student text p. 209) You and your partner each have different incomplete charts about what four employees at **Almacén Gigante** did last weekend. After you fill out the chart based on each other's information, you will fill out the final column about your partner. Remember to use the preterite tense.

Vocabulario útil

abrir	comprar	leer	trabajar
acampar	correr	llegar	vender
bailar	escribir	mirar	ver
beber	hablar	oír	viajar
comer	jugar	tomar	volver

	Margarita	Pablo y Ramón	Señora Zapata	Mi compañero/a
El viernes por la noche				
El sábado por la mañana				
El sábado por la noche				
El domingo				

Lección 6 Communication Activities **29**

communication activities

Lección 6

Estudiante 2

5 **El fin de semana** (student text p. 209) You and your partner each have different incomplete charts about what four employees at **Almacén Gigante** did last weekend. After you fill out the chart based on each other's information, you will fill out the final column about your partner. Remember to use the preterite tense.

Vocabulario útil

abrir	comprar	leer	trabajar
acampar	correr	llegar	vender
bailar	escribir	mirar	ver
beber	hablar	oír	viajar
comer	jugar	tomar	volver

	Margarita	Pablo y Ramón	Señora Zapata	Mi compañero/a
El viernes por la noche				
El sábado por la mañana				
El sábado por la noche				
El domingo				

communication activities

Estudiante 1

6 **Diferencias** (student text p. 213) You and your and a partner each have a drawing of a store. They are almost identical, but not quite. Use demonstrative adjectives and pronouns to find seven differences.

> **modelo**
>
> **Estudiante 1:** Aquellas gafas de sol son feas, ¿verdad?
> **Estudiante 2:** No. Aquellas gafas de sol son hermosas.

communication activities
Lección 6

Estudiante 2

6 **Diferencias** (student text p. 213) You and your partner each have a drawing of a store. They are almost identical, but not quite. Use demonstrative adjectives and pronouns to find seven differences.

> **modelo**
> **Estudiante 1:** Aquellas gafas de sol son feas, ¿verdad?
> **Estudiante 2:** No. Aquellas gafas de sol son hermosas.

communication activities

Estudiante 1

7 **La familia ocupada** (student text p. 239) Tú y tu compañero/a asisten a un programa de verano en Lima, Perú. Viven con la familia Ramos. Tienes la rutina incompleta que la familia sigue en las mañanas. Trabaja con tu compañero/a para completarla.

> **modelo**
> Estudiante 1: ¿Qué hace el señor Ramos a las seis y cuarto?
> Estudiante 2: El señor Ramos se levanta.

	El Sr. Ramos	La Sra. Ramos	Pepito y Pablo	Sara y nosotros/as
6:15		levantarse	dormir	
6:30	ducharse	peinarse		dormir
6:45			dormir	
7:00	despertar a Sara	maquillarse		
7:15			levantarse	peinarse
7:30	desayunar		bañarse	
7:45	lavar los platos			desayunar
8:00		irse con Pepito y Pablo		ir al campamento de verano (summer camp)
8:15	ir al trabajo		jugar con su primo	

Lección 7 Communication Activities **33**

communication activities

Lección 7

Estudiante 2

7 **La familia ocupada** (student text p. 239) Tú y tu compañero/a asisten a un programa de verano en Lima, Perú. Viven con la familia Ramos. Tienes la rutina incompleta que la familia sigue en las mañanas. Trabaja con tu compañero/a para completarla.

> **modelo**
>
> **Estudiante 1:** ¿Qué hace el señor Ramos a las seis y cuarto?
> **Estudiante 2:** El señor Ramos se levanta.

	El Sr. Ramos	La Sra. Ramos	Pepito y Pablo	Sara y nosotros/as
6:15	levantarse			dormir
6:30			dormir	
6:45	afeitarse	ducharse		dormir
7:00			dormir	levantarse
7:15	preparar el café	despertar a Pepito y a Pablo		
7:30		bañar a Pepito y a Pablo		ducharse
7:45		desayunar	desayunar	
8:00	llevar a Sara y a nosotros/as al campamento de verano (summer camp)		irse con su mamá	
8:15		visitar a su hermana		nadar

communication activities

Estudiante 1

6 **La residencia** (student text p. 249) Tú y tu compañero/a de clase son los directores de una residencia estudiantil en Perú. Cada uno de ustedes tiene las descripciones de cinco estudiantes. Con la información tienen que escoger (*choose*) quiénes van a ser compañeros de cuarto. Después, completen la lista.

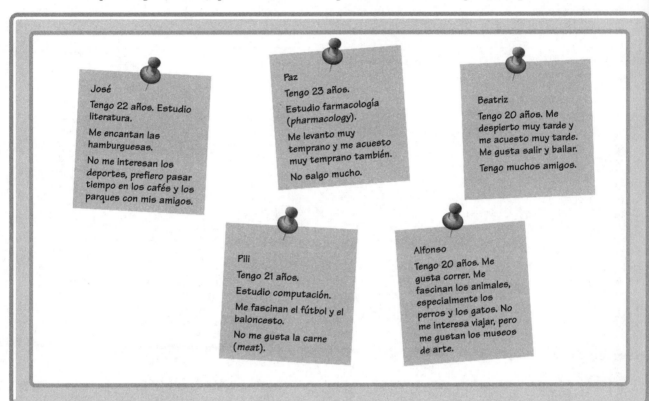

José

Tengo 22 años. Estudio literatura.

Me encantan las hamburguesas.

No me interesan los deportes, prefiero pasar tiempo en los cafés y los parques con mis amigos.

Paz

Tengo 23 años.

Estudio farmacología (*pharmacology*).

Me levanto muy temprano y me acuesto muy temprano también.

No salgo mucho.

Beatriz

Tengo 20 años. Me despierto muy tarde y me acuesto muy tarde. Me gusta salir y bailar.

Tengo muchos amigos.

Pili

Tengo 21 años.

Estudio computación.

Me fascinan el fútbol y el baloncesto.

No me gusta la carne (*meat*).

Alfonso

Tengo 20 años. Me gusta correr. Me fascinan los animales, especialmente los perros y los gatos. No me interesa viajar, pero me gustan los museos de arte.

1. Habitación 201: _____ y _____

   ¿Por qué? _____

2. Habitación 202: _____ y _____

   ¿Por qué? _____

3. Habitación 203: _____ y _____

   ¿Por qué? _____

4. Habitación 204: _____ y _____

   ¿Por qué? _____

5. Habitación 205: _____ y _____

   ¿Por qué? _____

communication activities   Lección 7

Estudiante 2

6 **La residencia** (student text p. 249) Tú y tu compañero/a de clase son los directores de una residencia estudiantil en Perú. Cada uno de ustedes tiene las descripciones de cinco estudiantes. Con la información tienen que escoger (*choose*) quiénes van a ser compañeros de cuarto. Después, completen la lista.

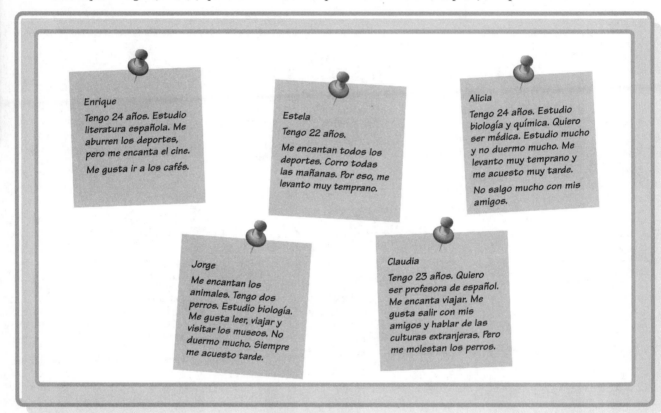

Enrique
Tengo 24 años. Estudio literatura española. Me aburren los deportes, pero me encanta el cine.
Me gusta ir a los cafés.

Estela
Tengo 22 años.
Me encantan todos los deportes. Corro todas las mañanas. Por eso, me levanto muy temprano.

Alicia
Tengo 24 años. Estudio biología y química. Quiero ser médica. Estudio mucho y no duermo mucho. Me levanto muy temprano y me acuesto muy tarde.
No salgo mucho con mis amigos.

Jorge
Me encantan los animales. Tengo dos perros. Estudio biología. Me gusta leer, viajar y visitar los museos. No duermo mucho. Siempre me acuesto tarde.

Claudia
Tengo 23 años. Quiero ser profesora de español. Me encanta viajar. Me gusta salir con mis amigos y hablar de las culturas extranjeras. Pero me molestan los perros.

1. Habitación 201: _____ y _____

   ¿Por qué? _____

2. Habitación 202: _____ y _____

   ¿Por qué? _____

3. Habitación 203: _____ y _____

   ¿Por qué? _____

4. Habitación 204: _____ y _____

   ¿Por qué? _____

5. Habitación 205: _____ y _____

   ¿Por qué? _____

communication activities

Síntesis

6 **Encuesta** (student text p. 243) Circula por la clase y pídeles a tus compañeros/as que comparen las actividades que hacen durante la semana con las que hacen durante los fines de semana. Escribe las respuestas.

modelo

Tú: ¿Te acuestas tarde los fines de semana?

Susana: Me acuesto tarde algunas veces los fines de semana, pero nunca durante la semana.

Actividades	Nombres de tus compañeros/as	Siempre	Nunca	Algunas veces
1. acostarse tarde				
2. comer en un restaurante				
3. irse a casa				
4. ir al mercado o al centro comercial				
5. ir de compras con algunos amigos				
6. levantarse temprano				
7. limpiar (*to clean*) su cuarto				
8. mirar la televisión				
9. pasear en bicicleta				
10. quedarse en su cuarto por la noche				
11. salir con alguien				
12. sentarse a leer periódicos o revistas				

communication activities

Estudiante 1

11 **Crucigrama (*Crossword puzzle*)** (student text p. 267) Tú y tu compañero/a tienen un crucigrama incompleto. Tú tienes las palabras que necesita tu compañero/a y él/ella tiene las palabras que tú necesitas. Tienen que darse pistas (*clues*) para completarlo. No pueden decir la palabra necesaria; deben utilizar definiciones, ejemplos y frases.

> **modelo**
>
> **6 vertical:** Es un condimento que normalmente viene con la sal.
> **12 horizontal:** Es una fruta amarilla.

communication activities

Lección 8

Estudiante 2

11 **Crucigrama (*Crossword puzzle*)** (student text p. 267) Tú y tu compañero/a tienen un crucigrama incompleto. Tú tienes las palabras que necesita tu compañero/a y él/ella tiene las palabras que tú necesitas. Tienen que darse pistas (*clues*) para completarlo. No pueden decir la palabra necesaria; deben utilizar definiciones, ejemplos y frases.

> **modelo**
> **6 vertical:** Es un condimento que normalmente viene con la sal.
> **12 horizontal:** Es una fruta amarilla.

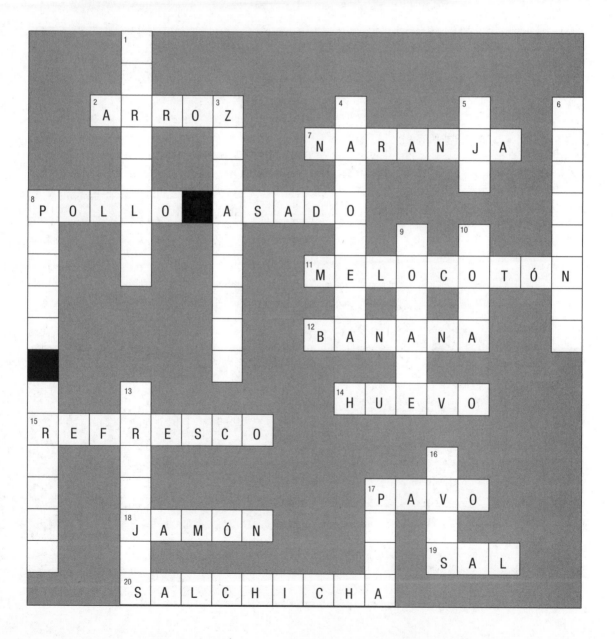

communication activities

Lección 8

Estudiante 1

5 **Regalos de Navidad (*Christmas gifts*)** (student text p. 280) Tú y tu compañero/a tienen una parte de la lista de los regalos de Navidad que Berta pidió y los regalos que sus parientes le compraron. Conversen para completar sus listas.

> **modelo**
>
> **Estudiante 1:** ¿Qué le pidió Berta a su mamá?
> **Estudiante 2:** Le pidió una computadora. ¿Se la compró?
> **Estudiante 1:** Sí, se la compró.

	Lo que Berta pidió	Lo que sus parientes le compraron
1.	a su mamá:	su mamá: una computadora
2.	a su papá: un estéreo	su papá:
3.	a su abuelita: una bicicleta	su abuelita:
4.	a su tío Samuel:	su tío Samuel: una mochila
5.	a su hermano Raúl:	su hermano Raúl: zapatos de tenis
6.	a su hermanastra: zapatos de tenis	su hermanastra:
7.	a sus tíos Juan y Rebeca: sandalias	sus tíos Juan y Rebeca:
8.	a su prima Nilda:	su prima Nilda: un sombrero

Lección 8 Communication Activities **41**

communication activities

Lección 8

Estudiante 2

5 **Regalos de Navidad (*Christmas gifts*)** (student text p. 280) Tú y tu compañero/a tienen una parte de la lista de los regalos de Navidad que Berta pidió y los regalos que sus parientes le compraron. Conversen para completar sus listas.

> **modelo**
>
> **Estudiante 1:** ¿Qué le pidió Berta a su mamá?
> **Estudiante 2:** Le pidió una computadora. ¿Se la compró?
> **Estudiante 1:** Sí, se la compró.

	Lo que Berta pidió	Lo que sus parientes le compraron
1.	a su mamá: una computadora	su mamá:
2.	a su papá:	su papá: un radio
3.	a su abuelita:	su abuelita: un suéter
4.	a su tío Samuel: una mochila	su tío Samuel:
5.	a su hermano Raúl: una blusa	su hermano Raúl:
6.	a su hermanastra:	su hermanastra: sandalias
7.	a sus tíos Juan y Rebeca:	sus tíos Juan y Rebeca: un libro
8.	a su prima Nilda: una camisa	su prima Nilda:

communication activities

Communication Activities

Práctica

3 **Completar** (student text p. 287) Con la información en esta hoja, completa las oraciones en tu libro de texto acerca de (*about*) Ana, José y sus familias con palabras de la lista.

NOMBRE: José Valenzuela Carranza

NACIONALIDAD: venezolano

CARACTERÍSTICAS: 5'6", 34 años, moreno y muy, muy guapo

PROFESIÓN: periodismo; premio (*award*) Mejor Periodista de la Ciudad

FAMILIA: Abuelo (98 años), abuela (89 años), mamá, papá, 7 hermanas
        y hermanos mayores y más altos

GUSTOS: trabajar muchísimo en su profesión y leer literatura
        ir a muchas fiestas, bailar y cantar
        viajar por todo el mundo
        jugar al baloncesto con sus hermanos (pero juega demasiado mal)
        estar con Fifí, una perra (*dog f.*) refinadísima, pero muy antipática

---

NOMBRE: Ana Orozco Hoffman

NACIONALIDAD: mexicana

CARACTERÍSTICAS: 5'9", 38 años, morena de ojos azules

PROFESIÓN: economía

FAMILIA: Mamá, papá, madrastra, dos medios hermanos,
        Jorge de 11 años y Mauricio de 9

GUSTOS: viajar
        jugar al baloncesto (*#1* del estado), nadar, bucear y esquiar
        hablar alemán
        jugar juegos (*games*) electrónicos con sus hermanitos
        (No juega mal. Jorge es excelente.)

---

communication activities

Estudiante 1

3   **Quinceañera**   (student text p. 317) Trabaja con un(a) compañero/a. Tu compañero/a es el/la director(a) del salón de fiestas "Renacimiento". Tú eres el padre/la madre de Ana María, y quieres hacer la fiesta de quinceañera de tu hija sin gastar más de $25 por invitado/a. Aquí tienes la mitad (*half*) de la información necesaria para confirmar la reservación; tu compañero/a tiene la otra mitad.

> **modelo**
>
> **Estudiante 1:** ¿Cuánto cuestan los entremeses?
> **Estudiante 2:** Depende. Puede escoger champiñones por 50 centavos o camarones por dos dólares.
> **Estudiante 1:** ¡Uf! A mi hija le gustan los camarones, pero son muy caros.
> **Estudiante 2:** Bueno, también puede escoger quesos por un dólar por invitado.

Número de invitados: 200

Comidas: queremos una variedad de comida para los vegetarianos y los no vegetarianos

Presupuesto (*budget*): máximo $25 por invitado

Otras preferencias: ¿posible traer mariachis?

	Opción 1	Opción 2
Entremeses		
Primer plato (*opcional*)		
Segundo plato (*opcional*)		
Carnes y pescados		
Verduras		
Postres		
Bebidas		
Total $		

communication activities

Lección 9

Estudiante 2

3 **Quinceañera** (student text p. 317) Trabaja con un(a) compañero/a. Tú eres el/la director(a) del salón de fiestas "Renacimiento". Tu compañero/a es el padre/la madre de Ana María, quien quiere hacer la fiesta de quinceañera de su hija sin gastar más de $25 por invitado/a. Aquí tienes la mitad (*half*) de información necesaria para confirmar la reservación; tu compañero/a tiene la otra mitad.

> **modelo**
>
> **Estudiante 1:** ¿Cuánto cuestan los entremeses?
> **Estudiante 2:** Depende. Puede escoger champiñones por 50 centavos o camarones por dos dólares.
> **Estudiante 1:** ¡Uf! A mi hija le gustan los camarones, pero son muy caros.
> **Estudiante 2:** Bueno, también puede escoger quesos por un dólar por invitado.

Salón de fiestas "Renacimiento"

Número de invitados: _____

Otras preferencias: _____

Presupuesto: $_____ por invitado

Menú

Entremeses	Champiñones: $0,50 por invitado	Camarones: $2 por invitado	Quesos: $1 por invitado	Verduras frescas: $0,50 por invitado
Primer plato	Sopa de cebolla: $1 por invitado	Sopa del día: $1 por invitado	Sopa de verduras: $1 por invitado	
Segundo plato	Ensalada mixta: $2 por invitado	Ensalada César: $3 por invitado		
Carnes y pescados	Bistec: $10 por invitado	Langosta: $15 por invitado	Pollo asado: $7 por invitado	Salmón: $12 por invitado
Verduras	Maíz, arvejas: $1 por invitado	Papa asada, papas fritas: $1 por invitado	Arroz: $0,50 por invitado	Zanahorias, espárragos: $1,50 por invitado
Postres	Pastel: $2 por invitado	Flan: $1 por invitado	Helado: $0,50 por invitado	Frutas frescas, pasteles y galletas: $2 por invitado
Bebidas	Champán: $3 por invitado	Vinos, cerveza: $4 por invitado	Café, té: $0,50 por invitado	Refrescos: $1 por invitado

Precio total $ _____

communication activities   Lección 9

Estudiante 1

2 **Compartir** (student text p. 319) En parejas, hagan preguntas para saber dónde está cada una de las personas en el dibujo. Ustedes tienen dos versiones diferentes de la ilustración. Al final deben saber dónde está cada persona.

> **modelo**
>
> **Estudiante 1:** ¿Quién está al lado de Óscar?
> **Estudiante 2:** Alfredo está al lado de él.

Alfredo	Dolores	Graciela	Raúl
Sra. Blanco	Enrique	Leonor	Rubén
Carlos	Sra. Gómez	Óscar	Yolanda

Vocabulario útil

a la derecha de	delante de
a la izquierda de	detrás de
al lado de	en medio de

communication activities

Lección 9

Estudiante 2

2 **Compartir** (student text p. 319) En parejas, hagan preguntas para saber dónde está cada una de las personas en el dibujo. Ustedes tienen dos versiones diferentes de la ilustración. Al final deben saber dónde está cada persona.

> **modelo**
>
> **Estudiante 1:** ¿Quién está al lado de Óscar?
> **Estudiante 2:** Alfredo está al lado de él.

Alfredo	Dolores	Graciela	Raúl
Sra. Blanco	Enrique	Leonor	Rubén
Carlos	Sra. Gómez	Óscar	Yolanda

Vocabulario útil

a la derecha de	delante de
a la izquierda de	detrás de
al lado de	en medio de

communication activities

Comunicación

7 **Encuesta** (student text p. 303) Haz las preguntas de la hoja a dos o tres compañeros/as de clase para saber qué actitudes tienen en sus relaciones personales. Luego comparte los resultados de la encuesta (*survey*) con la clase y comenta tus conclusiones.

Preguntas	Nombres	Actitudes
1. ¿Te importa la amistad? ¿Por qué?		
2. ¿Es mejor tener un(a) buen(a) amigo/a o muchos/as amigos/as?		
3. ¿Cuáles son las características que buscas en tus amigos/as?		
4. ¿Tienes novio/a? ¿A qué edad es posible enamorarse?		
5. ¿Deben las parejas hacer todo juntos? ¿Deben tener las mismas opiniones? ¿Por qué?		

communication activities   Lección 9

Comunicación

4 **Encuesta** (student text p. 313) Para cada una de las actividades de la lista, encuentra a alguien que hizo esa actividad en el tiempo indicado.

modelo

Traer dulces a clase
Estudiante 1: ¿Trajiste dulces a clase?
Estudiante 2: Sí, traje galletas y helado a la fiesta del fin del semestre.

Actividades	Nombres	Nombres
1. ponerse un disfraz (costume) de Halloween		
2. traer dulces a clase		
3. conducir su auto a clase		
4. estar en la biblioteca ayer		
5. dar un regalo a alguien ayer		
6. poder levantarse temprano esta mañana		
7. hacer un viaje a un país hispano en el verano		
8. tener una cita anoche		
9. ir a una fiesta el fin de semana pasado		
10. tener que trabajar el sábado pasado		

¡Todos a bordo!   Lección 1

Antes de ver el video

1 **¿Qué tal?** In this video segment, Álex, Javier, Maite, and Inés are meeting for the first time as they prepare to leave for a hiking trip. Look at the video still and write down what you think Álex and Javier are saying to each other.

_____

_____

_____

_____

_____

_____

_____

Mientras ves el video

2 **Completar** Watch the **¡Todos a bordo!** segment of this video module and complete the gaps in the following sentences.

SRA. RAMOS	Hola, don Francisco. ¿Cómo (1)_____ usted?
DON FRANCISCO	Bien, gracias. ¿Y (2)_____?
SRA. RAMOS	¿(3)_____ hora es?
DON FRANCISCO	(4)_____ las diez.
SRA. RAMOS	Tengo (5)_____ documentos para ustedes.
DON FRANCISCO	Y (6)_____ soy don Francisco, el conductor.
SRA. RAMOS	Aquí tienes (7)_____ documentos de viaje.
INÉS	Yo (8)_____ Inés.
JAVIER	¿Qué tal? Me (9)_____ Javier.
ÁLEX	Mucho (10)_____, Javier. (11)_____ soy Álex.
INÉS	(12)_____ permiso.

3 **¿De dónde son?** Watch the **Resumen** segment of this video module and indicate which country each traveler is from.

Nombre	País (*country*)
1. Inés	_____
2. Maite	_____
3. Javier	_____
4. Álex	_____

Lección 1 Fotonovela Video Activities   **51**

Video Activities

Después de ver el video

4 **¿Quién?** Write the name of the person who said each thing.

1. Sí, señora. _____

2. Soy del Ecuador, de Portoviejo. _____

3. Oye, ¿qué hora es? _____

4. Oiga, ¿qué hora es? _____

5. ¡Adiós a todos! _____

6. Y tú eres Alejandro Morales Paredes, ¿no? _____

7. Son todos. _____

8. Mucho gusto, Javier. _____

9. De Puerto Rico. ¿Y tú? _____

10. ¿Javier Gómez Lozano? _____

11. Buenos días, chicos. _____

12. Aquí, soy yo. _____

13. ¡Todos a bordo! _____

14. ¿Y los otros? _____

15. ¡Buen viaje! _____

5 **Ho, ho, hola...** Imagine that you have just met the man or woman of your dreams, who speaks only Spanish! Don't be shy! In the space provided, write down what the two of you would say in your first conversation to get to know each other.

_____

_____

_____

_____

_____

_____

_____

_____

6 **En la clase** Imagine that you are in Ecuador studying Spanish. Write down how your conversation with your Spanish professor would be the first day you get to the university.

_____

_____

_____

_____

_____

_____

_____

Video Activities

¿Qué clases tomas?   Lección 2

Antes de ver el video

1 **Impresiones** Based on the impressions you got of the four travelers in **Lección 1**, write the names of the classes you think each person is taking or of the classes you think each person is most interested in. Circle the name of the character you think is the most studious, and underline the name of the character you think is the most talkative.

ÁLEX	INÉS	JAVIER	MAITE
_____	_____	_____	_____
_____	_____	_____	_____
_____	_____	_____	_____

Mientras ves el video

2 **¿Quién y a quién?** Watch the **¿Qué clases tomas?** video segment and indicate who asks these questions and to whom each question is directed. One question is directed to two different people.

Preguntas	¿Quién?	¿A quién?
1. ¿Qué tal las clases en la UNAM?	_____	_____
2. ¿También tomas tú geografía?	_____	_____
3. ¿Cómo te llamas y de dónde eres?	_____	_____
4. ¿En qué clase hay más chicos?	_____	_____
5. ¿No te gustan las computadoras?	_____	_____

3 **En la UNAM** Watch Álex's flashback about the **Universidad Nacional Autónoma de México**. Write a check mark beside all the people, actions, items, and places shown in this flashback.

____ 1. chicas   ____ 5. hablar   ____ 9. grabadora
____ 2. turistas   ____ 6. dibujar   ____ 10. papel
____ 3. estudiantes   ____ 7. estudiar   ____ 11. computadoras
____ 4. chicos   ____ 8. viajar   ____ 12. biblioteca

4 **Resumen** Watch the **Resumen** segment of this video module and complete the following sentences.

1. Hay _____ personas en el grupo.
2. Hay _____ chicos en el grupo.
3. Hay _____ chicas en el grupo.
4. Inés toma inglés, historia, arte, sociología y _____.
5. Maite toma inglés, literatura y _____.
6. Los chicos son de la Universidad San Francisco de _____.
7. Javier toma _____ clases este semestre.
8. Javier toma historia y _____ los lunes, miércoles y viernes.
9. Javier toma _____ los martes y jueves.
10. Para Javier, ¡las _____ no son interesantes!

Video Activities

Después de ver el video

5 **Corregir** The underlined elements in the following statements are incorrect. Supply the correct words in the blanks provided.

1. <u>Javier</u> tiene (*has*) una computadora. _____

2. <u>Álex</u> toma geografía, inglés, historia, arte y sociología. _____

3. <u>Maite</u> tiene un amigo en la UNAM. _____

4. Inés es de <u>México</u>. _____

5. <u>Inés</u> toma una clase de computación. _____

6. <u>Álex</u> toma inglés, literatura y periodismo. _____

7. <u>Javier</u> toma cinco clases este semestre. _____

8. Javier es de <u>Portoviejo</u>. _____

6 **Asociar** Write down the three words or phrases from the box that you associate with each character.

¡Adiós, Mitad del Mundo!	dibujar	la UNAM
cinco clases	estudiar mucho	periodismo
de Puerto Rico	historia, computación, arte	¡Qué aventura!
del Ecuador	Hola, Ricardo...	Radio Andina

1. Álex _____   _____

_____

2. Maite _____   _____

_____

3. Inés _____   _____

_____

4. Javier _____   _____

_____

7 **¿Y tú?** Write a brief paragraph that tells who you are, where you are from, where you study (city and name of university), and what classes you are taking this semester.

_____

_____

_____

_____

_____

_____

_____

_____

_____

_____

_____

Video Activities

¿Es grande tu familia?   Lección 3

Antes de ver el video

1 **Examinar el título** Look at the title of the video module. Based on the title and the video still below, what do you think you will see in this episode? Use your imagination.

_____
_____
_____
_____
_____
_____
_____
_____

Mientras ves el video

2 **Completar** Complete each sentence from column A with a correct word from column B, according to the **¿Es grande tu familia?** segment of this video module.

A	B
1. Vicente _____ diez años.	trabajador
2. La madre de Javier es muy _____.	tiene
3. La _____ de Maite se llama Margarita.	vive
4. El abuelo de Javier es muy _____.	delgado
5. Vicente es muy _____.	bonita
6. Graciela _____ en Guayaquil.	tía

3 **La familia de Inés** Check off each person or thing shown in Inés' flashback about her family.

_____ 1. a family dinner

_____ 2. the skyline of Quito

_____ 3. scenes of the Ecuadorian countryside

_____ 4. Inés hugging her mother

_____ 5. Inés' sister-in-law, Francesca

_____ 6. Inés' niece, Graciela

_____ 7. Inés' nephew, Vicente

_____ 8. Inés' younger brother

_____ 9. Inés' older brother

_____ 10. Inés' grandparents

_____ 11. an infant seated in a high chair

_____ 12. the parents of Inés' sister-in-law

4 **Resumen** Watch the **Resumen** segment of this video module and indicate whether each statement is **cierto** or **falso**.

	Cierto	Falso
1. La familia de Inés vive en el Ecuador.	O	O
2. Inés tiene unas fotos de su familia.	O	O
3. Javier habla de sus tíos.	O	O
4. Maite cree que el padre de Javier es muy alto.	O	O
5. Javier tiene una foto de sus padres.	O	O

Video Activities

Después de ver el video

5 **Seleccionar** Select the letter of the word or phrase that best completes each sentence.

1. Vicente es el _____ de Pablo y de Francesca.

   a. primo   b. abuelo   c. padre   d. sobrino

2. Los _____ de Pablo viven en Roma.

   a. abuelos   b. suegros   c. hermanos   d. padres

3. El _____ de Inés es periodista.

   a. padre   b. sobrino   c. primo   d. hermano

4. Maite tiene una _____ que se llama Margarita.

   a. tía   b. abuela   c. prima   d. suegra

5. _____ de Javier es _____

   a. El abuelo; guapo.   b. La madre; trabajadora.   c. El padre; alto.   d. El hermano; simpático.

6. _____ de Javier es _____

   a. La abuela; trabajadora.   b. El hermano; alto.   c. El padre; trabajador.   d. La mamá; bonita.

7. _____ tiene _____

   a. Javier; calor.   b. Maite; frío.   c. Inés; sueño.   d. don Francisco; hambre.

8. Javier dibuja a _____

   a. Inés.   b. Álex.   c. don Francisco.   d. Maite.

6 **Preguntas** Answer these questions about the video episode.

1. ¿Quién tiene una familia grande?

   _____

2. ¿Tiene hermanos Javier?

   _____

3. ¿Cómo se llama la madre de Javier?

   _____

4. ¿Cuántos años tiene el sobrino de Inés?

   _____

5. ¿Cómo es el abuelo de Javier?

   _____

7 **Preguntas personales** Answer these questions about your family.

1. ¿Cuántas personas hay en tu familia? ¿Cuál es más grande (*bigger*), tu familia o la familia
   de Inés? _____

   _____

2. ¿Tienes hermanos/as? ¿Cómo se llaman?_____

   _____

3. ¿Tienes un(a) primo/a favorito/a? ¿Cómo es?_____

   _____

4. ¿Cómo es tu tío/a favorito/a? ¿Dónde vive? _____

   _____

¡Vamos al parque!

Lección 4

Antes de ver el video

1 **Álex y Maite** In this video module, the travelers arrive in Otavalo and have an hour of free time before they check in at their hotel. Álex and Maite, who still don't know each other very well, decide to go to the park together and chat. What kinds of things do you think they will see in the park? What do you think they will talk about?

_____

_____

_____

_____

_____

_____

Mientras ves el video

2 **Completar** These sentences are taken from the **¡Vamos al parque!** segment of this video module. Watch this segment and fill in the blanks with the missing verbs.

1. _____ una hora libre.

2. Tenemos que _____ a las cabañas a las cuatro.

3. ¿Por qué no _____ al parque, Maite?

4. Podemos _____ y _____ el sol.

3 **El Parque del Retiro** Check off all the activities you see people doing in Maite's flashback about this famous park in Madrid.

____ 1. una mujer patina

____ 2. unos jóvenes esquían

____ 3. dos chicos pasean en bicicleta

____ 4. un chico y una chica bailan

____ 5. tres señoras corren

____ 6. un hombre pasea en bicicleta

____ 7. un niño pequeño está con sus padres

____ 8. dos chicos pasean

4 **Resumen** In the **Resumen** segment of this video episode, don Francisco reflects on the fact that he's not as young as he used to be. Fill in each blank in Column A with the correct word from Column B.

A

1. Los jóvenes tienen mucha _____.

2. Inés y Javier desean _____ por la ciudad.

3. Álex y Maite deciden ir al _____.

4. Maite desea _____ unas postales en el parque.

5. A veces Álex _____ por la noche.

6. Álex invita a Maite a _____ con él.

7. Don Francisco no _____ deportes.

8. Pero don Francisco sí tiene mucha energía... para leer el periódico y _____ un café.

B

corre

pasear

tomar

parque

practica

energía

escribir

correr

Video Activities

Después de ver el video

5 **¿De dónde es?** For items 1-11, fill in the missing letters in each word. For item 12, put the letters in the boxes in the right order to find out the nationality of the young man playing soccer in the park.

1. Álex y Maite van al p __ __ __ __ ☐.

2. A las cuatro tienen que ir a las __ __ b ☐ __ __ __.

3. ☐ __ r __ __ __ es uno de los pasatiempos favoritos de Maite.

4. Maite quiere escribir unas p __ __ ☐ __ __ __ __.

5. Inés y Javier van a pasear por la __ __ ☐ d __ __.

6. Don Francisco lee el __ e __ __ __ __ __ __ ☐.

7. Los cuatro estudiantes tienen una hora l __ __ ☐ __.

8. Los chicos están en la ciudad de ☐ __ __ v __ __ __.

9. Álex es muy __ f __ __ __ __ ☐ __ __ __ a los deportes.

10. Cuando está en __ a __ __ ☐ __, Maite pasea mucho por el Parque del Retiro.

11. Don Francisco toma un c ☐ __ __.

12. El joven del parque es _____.

6 **Me gusta** Complete the chart with the activities, pastimes, or sports that you enjoy participating in. Also indicate when and where you do each activity.

Mis pasatiempos favoritos	¿Cuándo?	¿Dónde?
_____	_____	_____
_____	_____	_____
_____	_____	_____
_____	_____	_____
_____	_____	_____

7 **Preguntas** Answer these questions in Spanish.

1. ¿Son aficionados/as a los deportes tus amigos/as? ¿Cuáles son sus deportes favoritos?

_____

_____

_____

2. ¿Qué hacen tú y tus amigos/as cuando tienen ratos libres?

_____

_____

_____

3. ¿Qué vas a hacer esta noche? ¿Vas a estudiar? ¿Descansar? ¿Mirar televisión? ¿Ver una película? ¿Por qué? _____

_____

_____

_____

Video Activities

Tenemos una reservación.

Lección 5

Antes de ver el video

1 **¿Qué hacen?** Don Francisco and the travelers have just arrived at the **cabañas**. Based on the video still, what do you think they are doing right now? What do you think they will do next?

_____
_____
_____
_____
_____
_____
_____
_____

Mientras ves el video

2 **¿Quién?** Watch the **Tenemos una reservación** segment of this video module and write the name of the person who says each expression.

Expresión	Nombre
1. ¿Es usted nueva aquí?	_____
2. ¡Uf! ¡Menos mal!	_____
3. Hola, chicas. ¿Qué están haciendo?	_____
4. Y todo está muy limpio y ordenado.	_____
5. Hay muchos lugares interesantes por aquí.	_____

3 **Los hoteles** Watch Don Francisco's flashback about Ecuadorian hotels and then place a check mark beside the sentence that best sums it up.

____ 1. No hay muchos hoteles en Ecuador.

____ 2. Hay muchas cabañas bonitas en la capital de Ecuador.

____ 3. Don Francisco no va a muchos hoteles.

____ 4. Don Francisco tiene muchos hoteles impresionantes.

____ 5. Los hoteles de Ecuador son impresionantes… hay hoteles de todo tipo (*type*).

4 **Resumen** Watch the **Resumen** segment of this video module and fill in the missing words in each sentence.

1. **ÁLEX** Javier, Maite, Inés y yo estamos en nuestro _____ en Otavalo.

2. **JAVIER** Oigan, no están nada mal las _____, ¿verdad?

3. **INÉS** Oigan, yo estoy aburrida. ¿_____ hacer algo?

4. **MAITE** Estoy cansada y quiero _____ un poco porque (…) voy a correr con Álex.

5. **ÁLEX** Es muy inteligente y simpática… y también muy _____.

Lección 5 Fotonovela Video Activities | **59**

Después de ver el video

5 **¿Cierto o falso?** Indicate whether each statement about this video episode is **cierto** or **falso**. Then correct each false statement.

1. Don Francisco y los viajeros llegan a la universidad.

_____

2. Don Francisco habla con una empleada del hotel.

_____

3. Inés y Álex están aburridos.

_____

4. Javier desea ir a explorar la ciudad un poco más.

_____

5. Maite desea descansar.

_____

6. Álex y Maite van a correr a las seis.

_____

6 **Resumir** In your own words, write a short summary of this video episode in Spanish. Try not to leave out any important information.

_____

_____

_____

_____

_____

_____

_____

_____

7 **Preguntas** Answer these questions in Spanish.

1. ¿Te gusta ir de vacaciones? ¿Por qué? _____

_____

_____

2. ¿Adónde te gusta ir de vacaciones? ¿Por qué? _____

_____

_____

3. ¿Con quién(es) vas de vacaciones? _____

_____

_____

Video Activities

¡Qué ropa más bonita!   Lección 6

Antes de ver el video

1 **Describir** Look at the video still and describe what you see. Your description should answer these questions: Where is Javier? Who is Javier talking to? What is the purpose of their conversation?

_____

_____

_____

_____

_____

_____

_____

Mientras ves el video

2 **Ordenar** Watch the **¡Qué ropa más bonita!** segment of this video module and indicate the order in which you heard these lines.

_____ a. Le cuesta ciento cincuenta mil sucres.

_____ b. Me gusta aquélla. ¿Cuánto cuesta?

_____ c. La vendedora me lo vendió a muy buen precio.

_____ d. ¡Qué mal gusto tienes!

_____ e. Mejor vamos a tomar un café. ¡Yo invito!

_____ f. Me gusta regatear con los vendedores.

3 **San Juan** Place a check mark beside each thing you see during Javier's flashback about shopping in San Juan.

_____ 1. una vendedora   _____ 4. un mercado al aire libre

_____ 2. un centro comercial   _____ 5. un dependiente

_____ 3. unas camisetas   _____ 6. una tienda de ropa para niños

4 **Resumen** Watch the **Resumen** segment of this video module and indicate whether Inés, Javier, or the Vendedor said each sentence.

_____ 1. Bueno, para usted... ciento treinta mil.

_____ 2. (...) es muy simpático... ¡y regatea muy bien!

_____ 3. Voy a ir de excursión a las montañas y necesito un buen suéter.

_____ 4. Hoy (...) visitamos un mercado al aire libre.

_____ 5. Mmm... quiero comprarlo. Pero, señor, no soy rico.

Lección 6 Fotonovela Video Activities   **61**

Video Activities

Después de ver el video

5 **Completar** Complete the following sentences with the correct words from the word box.

botas	impermeable	sombrero
camisa	libre	suéter
caro	montañas	talla
hermana	rosado	vestido

1. Inés y Javier van de compras a un mercado al aire _____.

2. Inés quiere comprar algo (*something*) para su _____ Graciela.

3. Javier compra un _____ en el mercado.

4. Las bolsas del vendedor son típicas de las _____.

5. Inés compra una bolsa, una _____ y un _____.

6. Javier usa _____ grande.

6 **Corregir** All of these statements about this video episode are false. Rewrite them and correct the false information.

1. Javier compró un sombrero y una camisa.

_____

2. Inés prefiere la camisa gris con rayas rojas.

_____

3. Inés compró una blusa para su hermana.

_____

4. Javier quiere comprar un traje de baño porque va a la playa.

_____

7 **Preguntas** Answer these questions in Spanish.

1. ¿Te gusta ir de compras? ¿Por qué? _____

_____

2. ¿Adónde vas de compras? ¿Por qué? _____

_____

3. ¿Con quién(es) vas de compras? ¿Por qué? _____

_____

4. Imagina que estás en un centro comercial y que tienes mil dólares. ¿Qué vas a comprar? ¿Por qué?

_____

_____

5. Cuando compras un auto, ¿regateas con el/la vendedor(a)? _____

_____

Video Activities

¡Jamás me levanto temprano! Lección 7

Antes de ver el video

1 **La rutina diaria** In this video module, Javier and Álex chat about their morning routines. What kinds of things do you think they will mention?

_____

_____

_____

_____

_____

_____

_____

_____

Mientras ves el video

2 **¿Álex o Javier?** Watch the **¡Jamás me levanto temprano!** segment of this video module and put a check mark in the appropriate column to indicate whether each activity is part of the daily routine of Álex or Javier.

Actividad	Álex	Javier
1. levantarse tarde	_____	_____
2. dibujar por la noche	_____	_____
3. despertarse a las seis	_____	_____
4. correr por la mañana	_____	_____
5. escuchar música por la noche	_____	_____

3 **Ordenar** Watch Álex's flashback about his daily routine and indicate in what order he does the following things.

_____ a. ducharse

_____ b. vestirse

_____ c. levantarse temprano

_____ d. despertarse a las seis

_____ e. afeitarse

_____ f. cepillarse los dientes

4 **Resumen** Watch the **Resumen** segment of this video module and fill in the missing words in these sentences.

1. JAVIER Álex no sólo es mi _____ sino mi despertador.

2. ÁLEX Me gusta _____ temprano.

3. ÁLEX Vuelvo, me ducho, _____ y a las siete y media te _____.

4. JAVIER Hoy _____ a un mercado al aire libre con Inés.

5. ÁLEX _____ levanto a las siete menos cuarto y _____ por treinta minutos.

Video Activities

Después de ver el video

5   **Preguntas**   In Spanish, answer these questions about the video module.

1. ¿Qué está haciendo Álex cuando vuelve Javier del mercado?

_____

2. ¿Le gusta a Álex el suéter que compró Javier?

_____

3. ¿Por qué Javier no puede despertarse por la mañana?

_____

4. ¿A qué hora va a levantarse Álex mañana?

_____

5. ¿A qué hora sale el autobús mañana?

_____

6. ¿Dónde está la crema de afeitar?

_____

6   **Preguntas personales**   Answer these questions in Spanish.

1. ¿A qué hora te levantas durante la semana? ¿Y los fines de semana?

_____

_____

2. ¿Prefieres acostarte tarde o temprano? ¿Por qué?

_____

_____

3. ¿Te gusta más bañarte o ducharte? ¿Por qué?

_____

_____

4. ¿Cuántas veces por día (*How many times a day*) te cepillas los dientes?

_____

_____

5. ¿Te lavas el pelo todos los días (*every day*)? ¿Por qué?

_____

_____

7   **Tus vacaciones**   In Spanish, describe your morning routine when you are on vacation.

_____

_____

_____

_____

_____

_____

Video Activities

¿Qué tal la comida?   Lección 8

Antes de ver el video

1 **En un restaurante** What kinds of things do you do and say when you have lunch at a restaurant?

_____

_____

_____

_____

_____

_____

_____

Mientras ves el video

2 **¿Quién?** Watch the **¿Qué tal la comida?** segment of this video module and write the name of the person who says each of the following lines.

Afirmación	Nombre
1. ¡Tengo más hambre que un elefante!	_____
2. Pero si van a ir de excursión deben comer bien.	_____
3. Y de tomar, les recomiendo el jugo de piña, frutilla y mora.	_____
4. Hoy es el cumpleaños de Maite.	_____
5. ¡Rico, rico!	_____

3 **Los restaurantes de Madrid** Watch Maite's flashback about restaurants in Madrid and place a check mark beside the sentence that best summarizes the flashback.

_____ 1. Es muy caro salir a cenar en Madrid.

_____ 2. A Maite no le gustan los restaurantes de Madrid.

_____ 3. Hay una gran variedad de restaurantes en Madrid.

_____ 4. Los restaurantes de Madrid son muy elegantes.

4 **Resumen** Watch the **Resumen** segment of this video module and fill in the missing words in these sentences.

1. JAVIER ¿Qué nos _____ usted?

2. DON FRANCISCO Debo _____ más a menudo.

3. DOÑA RITA ¿_____ lo traigo a todos?

4. DON FRANCISCO Es bueno _____ a la dueña del mejor restaurante de la ciudad.

5. JAVIER Para mí las _____ de maíz y un ceviche de _____.

Lección 8 Fotonovela Video Activities   **65**

Video Activities

Después de ver el video

5 **Opiniones** Write the names of the video characters who expressed the following opinions, either verbally or through body language.

_____ 1. Don Francisco es un conductor excelente.

_____ 2. El servicio en este restaurante es muy eficiente.

_____ 3. Nuestros pasteles son exquisitos.

_____ 4. ¡Caldo de patas! Suena (*It sounds*) como un plato horrible.

_____ 5. Las tortillas de maíz son muy sabrosas. Se las recomiendo.

_____ 6. Las montañas de nuestro país son muy hermosas.

6 **Corregir** Correct these false statements about the **¿Qué tal la comida?** video episode.

1. El Cráter es un mercado al aire libre.

_____

2. La señora Perales trabaja en El Cráter. Es camarera.

_____

3. Maite pide las tortillas de maíz y la fuente de fritada.

_____

4. Álex pide el caldo de patas y una ensalada.

_____

5. De beber, todos piden té.

_____

6. La señora Perales dice (*says*) que los pasteles de El Cráter son muy caros.

_____

7 **Preguntas personales** Answer these questions in Spanish.

1. ¿Almuerzas en la cafetería de tu universidad? ¿Por qué? _____

_____

2. ¿Cuál es tu plato favorito? ¿Por qué? _____

_____

3. ¿Cuál es el mejor restaurante de tu comunidad? Explica (*Explain*) tu opinión. _____

_____

4. ¿Cuál es tu restaurante favorito? ¿Cuál es la especialidad de ese restaurante? _____

_____

5. ¿Sales mucho a cenar con tus amigos/as? ¿Adónde van a cenar? _____

_____

Video Activities

¡Feliz cumpleaños, Maite!   Lección 9

Antes de ver el video

1 **Una fiesta** In this video episode, Señora Perales and Don Francisco surprise Maite with a birthday party. Based on this information, what kinds of things do you expect to see in this episode?

_____

_____

_____

_____

_____

_____

_____

_____

Mientras ves el video

2 **Ordenar** Watch the **¡Feliz cumpleaños, Maite!** segment of this video module and put the following events in the correct order.

_____ a. Álex recuerda la quinceañera de su hermana.

_____ b. Los estudiantes miran el menú.

_____ c. Javier pide un pastel de chocolate.

_____ d. La señora Perales trae un flan, un pastel y una botella de vino.

_____ e. Los estudiantes deciden dejarle una buena propina a la señora Perales.

3 **La quinceañera** Watch Álex's flashback about his sister's **quinceañera**. Place a check mark in the **Sí** column if the following actions occurred in the flashback; place a check mark in the **No** column if the actions did *not* occur.

Acción	Sí	No
1. Álex canta para su hermana.	_____	_____
2. Todos se sientan a cenar.	_____	_____
3. Todos nadan en la piscina.	_____	_____
4. Varias personas bailan.	_____	_____

4 **Resumen** Watch the **Resumen** segment of this video module and indicate who says the following lines.

_____ 1. Señora Perales, mi cumpleaños es el primero de octubre...

_____ 2. Dicen que las fiestas son mejores cuando son una sorpresa.

_____ 3. ¿Hoy es tu cumpleaños, Maite?

_____ 4. Ayer te lo pregunté, ¡y no quisiste decírmelo!

Lección 9 Fotonovela Video Activities

Video Activities

Después de ver el video

5 **Corregir** All of the following statements about this video episode are false. Rewrite them so that they will be correct.

1. Álex le sirve un pastel de cumpleaños a Maite.

_____

2. Don Francisco le deja una buena propina a la señora Perales.

_____

3. Maite cumple diecinueve años.

_____

4. Don Francisco toma una copa de vino.

_____

5. El cumpleaños de Javier es el quince de diciembre.

_____

6. El cumpleaños de Maite es el primero de octubre.

_____

6 **Eventos importantes** In Spanish, list the three events from this video episode that you consider to be the most important, and explain your choices.

_____

_____

_____

_____

_____

_____

_____

7 **Preguntas personales** Answer these questions in Spanish.

1. ¿Vas a muchas fiestas? ¿Qué haces en las fiestas? _____

_____

2. ¿Qué haces antes de ir a una fiesta? ¿Y después? _____

_____

3. ¿Cuándo es tu cumpleaños? ¿Cómo vas a celebrarlo? _____

_____

4. ¿Te gusta recibir regalos en tu cumpleaños? ¿Qué tipo de regalos? _____

_____

Panorama: Los Estados Unidos   Lección 1

Antes de ver el video

1   **Más vocabulario** Look over these useful words and expressions before you watch the video.

Vocabulario útil		
algunos *some, a few*	**espectáculos** *shows*	**millón** *million*
beisbolistas *baseball players*	**estaciones** *stations*	**mucha** *large*
comparsa *parade*	**este** *this*	**muchos** *many*
concursos *contests*	**ligas mayores** *major leagues*	**por ciento** *percent*
diseñador *designer*	**más** *more*	**su** *their*
disfraces *costumes*	**mayoría** *majority*	**tiene** *has*
escritora *writer*		

2   **Deportes** In this video, you are going to learn about some famous Dominican baseball players. In preparation, answer these questions about sports.

1. What sports are popular in the United States? _____

2. What is your favorite sport? _____

3. Do you play any sports? Which ones? _____

Mientras ves el video

3   **Cognados** Check off all the cognates you hear during the video.

___ 1. agosto   ___ 3. celebrar   ___ 5. democracia   ___ 7. festival   ___ 9. intuición

___ 2. carnaval   ___ 4. discotecas   ___ 6. famosos   ___ 8. independencia   ___ 10. populares

Después de ver el video

4   **Responder** Answer the questions in Spanish. Use complete sentences.

1. ¿Cuántos hispanos hay en Estados Unidos?

_____

2. ¿De dónde son la mayoría de los hispanos en Estados Unidos?

_____

3. ¿Quiénes son Pedro Martínez y Manny Ramírez?

_____

4. ¿Dónde hay muchas discotecas y estaciones de radio hispanas?

_____

5. ¿Qué son WADO y Latino Mix?

_____

6. ¿Es Julia Álvarez una escritora dominicana?

_____

Lección 1 Panorama cultural Video Activities   **69**

Panorama: Canadá   Lección 1

Antes de ver el video

1 **Más vocabulario** Look over these useful words and expressions before you watch the video.

Vocabulario útil		
bancos *banks*	hijas *daughters*	periódico *newspaper*
campo *field*	investigadora científica *research scientist*	que *that*
canal de televisión *TV station*	mantienen *maintain*	revista *magazine*
ciudad *city*	mayoría *majority*	seguridad *safety*
comunidad *community*	ofrecen *offer*	sus *her*
escuelas *schools*	otras *others*	trabajadores *workers*
estudia *studies*	pasa *spends*	vive *live*

2 **Responder** This video talks about the Hispanic community in Montreal. In preparation for watching the video, answer the following questions about your family's background.

1. Where were your parents born? And your grandparents? _____

2. If any of them came to the United States from another country, when and why did they come here? _____

3. Are you familiar with the culture of the country of your ancestors? What do you know about their culture? Do you follow any of their traditions? Which ones? _____

_____

Mientras ves el video

3 **Marcar** Check off the nouns you hear while watching the video.

___ 1. apartamento   ___ 3. diario   ___ 5. horas   ___ 7. instituciones   ___ 9. lápiz

___ 2. comunidad   ___ 4. escuela   ___ 6. hoteles   ___ 8. laboratorio   ___ 10. el programa

Después de ver el video

4 **¿Cierto o falso?** Indicate whether these statements are **cierto** or **falso**. Correct the false statements.

1. Los hispanos en Montreal son de Argentina. _____

2. En Montreal no hay canales de televisión en español. _____

3. En Montreal hay hispanos importantes. _____

4. Una hispana importante en el campo de la biología es Ana María Seifert. _____

5. Ella vive con sus dos hijas en una mansión en Montreal. _____

6. Ella pasa muchas horas en el museo. _____

7. En su casa se mantienen muchas tradiciones argentinas. _____

8. Ella participa en convenciones nacionales e internacionales. _____

Panorama: España

Antes de ver el video

1 **Más vocabulario** Look over these useful words before you watch the video.

Vocabulario útil		
antiguo *ancient*	empezar *to start*	niños *children*
blanco *white*	encierro *running of bulls*	pañuelo *neckerchief, bandana*
cabeza *head*	esta *this*	peligroso *dangerous*
calle *street*	feria *fair, festival*	periódico *newspaper*
cohete *rocket (firework)*	fiesta *party, festival*	rojo *red*
comparsa *parade*	gente *people*	ropa *clothing*
correr *to run*	gigante *giant*	toro *bull*
defenderse *to defend oneself*	mitad *half*	ver *to see*

2 **Festivales** In this video, you are going to learn about a Spanish festival. List the things you would probably do and see at a festival.

_____

_____

_____

_____

Mientras ves el video

3 **Ordenar** Number the items in the order in which they appear in the video.

_____ a. cohete

_____ b. cuatro mujeres en un balcón

_____ c. gigante

_____ d. mitad hombre, mitad caballo (*horse*)

_____ e. muchas personas

_____ f. toro

Después de ver el video

4 **Fotos** Describe the video stills.

_____

_____

_____

_____

_____

_____

_____

5 **Crucigrama** Complete these sentences and use the words to complete the crossword.

1. El Festival de San Fermín es la combinación de tres fiestas, una de ellas es las

   _____ comerciales.

2. Las _____ son los eventos favoritos de los niños.

3. La fiesta religiosa en honor a San Fermín, las ferias comerciales y los eventos taurinos son

   celebraciones _____.

4. Los Sanfermines es una de las _____ tradicionales españolas.

5. Las personas usan ropa blanca y _____ rojos.

6. En los encierros las personas corren delante de diecisiete _____.

7. En las comparsas hay figuras _____ hombre mitad animal.

8. En los días del festival, hay ocho _____.

9. En las comparsas hay ocho _____.

10. Las comparsas pasan por las _____ de Pamplona.

11. Otras de las figuras tienen (*have*) enormes _____.

Panorama: Ecuador   Lección 3

Antes de ver el video

1 **Más vocabulario** Look over these useful words and expressions before you watch the video.

Vocabulario útil		
algunas *some*	otro *other*	todo *every*
científico *scientist*	pingüino *penguin*	tomar fotografías *to take pictures*
guía *guide*	recurso *resource*	tortuga *turtle*

2 **Foto** Describe the video still. Write at least three sentences in Spanish.

_____
_____
_____
_____
_____
_____
_____

3 **Predecir** Look at the video still from the previous activity and write at least two sentences in Spanish about what you think you will see in this video.

_____
_____
_____

4 **Emparejar** Find the items in the second column that correspond to the ones in the first.

_____ 1. grande   a. near

_____ 2. pequeña   b. about

_____ 3. vieja   c. here

_____ 4. también   d. big

_____ 5. aquí   e. very

_____ 6. sobre   f. old

_____ 7. muy   g. also

_____ 8. cerca de   h. small

_____ 9. para   i. for

Video Activities

Mientras ves el video

5 **Marcar** Check off the verbs you hear while watching the video.

_____ 1. aprender   _____ 5. escribir   _____ 9. tener

_____ 2. bailar   _____ 6. estudiar   _____ 10. tomar

_____ 3. beber   _____ 7. leer   _____ 11. vivir

_____ 4. comprar   _____ 8. recibir

Después de ver el video

6 **Responder** Answer the questions in Spanish. Use complete sentences.

1. ¿En qué océano están las islas Galápagos?

_____

_____

2. ¿Qué hacen los científicos que viven en las islas?

_____

_____

3. ¿Qué hacen los turistas que visitan las islas?

_____

_____

4. ¿Qué proyectos tiene la Fundación Charles Darwin?

_____

_____

5. ¿Cuáles son los animales más grandes que viven en las islas?

_____

_____

6. ¿Por qué son importantes estas islas?

_____

_____

7 **Preferencias** Of all the animals you saw in this video, which was your favorite? Write three sentences in Spanish describing your favorite animal.

_____

_____

_____

_____

Video Activities

Panorama: México   Lección 4

Antes de ver el video

1 **Más vocabulario** Look over these useful words before you watch the video.

Vocabulario útil			
día *day*	estos *these*	gente *people*	sentir *to feel*
energía *energy*	fiesta *party, celebration*	para *to*	valle *valley*

2 **Describir** In this video, you will learn about the archaeological ruins of Teotihuacán where the celebration of the equinox takes place every year. Do you know what the equinox is? In English, try to write a description.

equinoccio: _____

_____

3 **Categorías** Categorize the words listed in the word bank.

arqueológicos	gente	increíble	mexicanos	Teotihuacán
capital mexicana	hacen	interesante	moderno	tienen
celebrar	hombres	jóvenes	mujeres	Valle de México
ciudad	importante	Latinoamérica	niños	van
escalar				

Lugares	Personas	Verbos	Adjetivos

Mientras ves el video

4 **Marcar** Check off the pastimes you see while watching the video.

_____ 1. pasear   _____ 4. escalar (pirámides)   _____ 7. visitar monumentos

_____ 2. nadar   _____ 5. tomar el sol   _____ 8. bucear

_____ 3. patinar   _____ 6. ver películas

Lección 4 Panorama cultural Video Activities | **75**

Video Activities

Después de ver el video

5 **Completar** Fill in the blanks with the appropriate word(s).

la capital mexicana	muy interesante
la celebración del equinoccio	pasean
celebrar	sentir
comienzan	sol
manos	el Valle de México

1. Teotihuacán está a cincuenta kilómetros de _____.

2. A _____ van muchos grupos de música tradicional.

3. Todos quieren _____ la energía del sol en sus _____.

4. Ir a las pirámides de Teotihuacán es una experiencia _____.

5. Las personas _____ por las ruinas.

6 **¿Cierto o falso?** Indicate whether each statement is **cierto** or **falso**. Correct the false statements.

1. Las pirámides de Teotihuacán están lejos del Valle de México.

_____

2. Muchas personas van a Teotihuacán todos los años para celebrar el equinoccio.

_____

3. Turistas de muchas nacionalidades van a la celebración.

_____

4. La gente prefiere ir a Teotihuacán en sus ratos libres.

_____

5. La celebración del equinoccio termina a las cinco de la mañana.

_____

6. Las personas celebran la energía que reciben de Teotihuacán todos los años.

_____

7 **Foto** Describe the video still. Write at least three sentences in Spanish.

_____

_____

_____

_____

_____

Panorama: Puerto Rico   Lección 5

Antes de ver el video

1 **Más vocabulario** Look over these useful words before you watch the video.

Vocabulario útil		
angosto *narrow*	calle *street*	plaza *square*
antiguo *old*	escultura *sculpture*	promocionar *to promote*
artesanías *handicrafts*	exposición *exhibition*	sitio *site*
bahía *bay*	fuente *fountain*	vender *to sell*
barrio *neighborhood*		

2 **Preferencias** This video describes the attractions that San Juan, the capital of Puerto Rico, has to offer. In Spanish, list at least three things that you like to do when you visit a new city.

_____

_____

_____

_____

_____

_____

_____

Mientras ves el video

3 **Cognados** Check off all the cognates you hear during the video.

_____ 1. aeropuerto   _____ 9. estrés

_____ 2. área   _____ 10. histórico

_____ 3. arte   _____ 11. información

_____ 4. artístico   _____ 12. nacional

_____ 5. cafés   _____ 13. permanente

_____ 6. calma   _____ 14. presidente

_____ 7. capital   _____ 15. restaurantes

_____ 8. construcciones

Lección 5 Panorama cultural Video Activities **77**

Después de ver el video

4 **Corregir** All of these statements are false. Rewrite them to correct the false information.

1. El Viejo San Juan es el barrio más moderno de la capital.

_____

2. El Morro es el centro artístico y cultural de Puerto Rico.

_____

3. Muchos artistas locales compran sus creaciones en las calles.

_____

4. En diciembre se celebra la Fiesta de la Calle San Sebastián con conciertos, exposiciones especiales de arte y un carnaval.

_____

5. En el Museo de las Américas presentan exposiciones relacionadas con la Historia de Norteamérica.

_____

6. Todos los días, más de un millón de visitantes llegan al Centro de Información de Turismo del Viejo San Juan.

_____

5 **Completar** Complete the sentences with words from the word bank.

camina	coloniales	excelente	galerías	promociona
capital	esculturas	exposición	hermoso	

1. En la bahía de la _____ de Puerto Rico está el Castillo de San Felipe del Morro.

2. Muchas de las construcciones del Viejo San Juan son _____.

3. En la mayoría de los parques hay _____ inspiradas en la historia del país.

4. El Instituto de Cultura Puertorriqueña _____ eventos culturales en la isla.

5. Hay muchas _____ de arte y museos.

6. En el Museo de San Juan hay una _____ permanente de la historia de Puerto Rico.

6 **Preferencias** Of all the places in San Juan that were described, which one did you find most interesting? In Spanish, describe this place and indicate why you found it so interesting.

_____

_____

_____

_____

_____

Panorama: Cuba   Lección 6

Antes de ver el video

1 **Más vocabulario** Look over these useful words before you watch the video.

Vocabulario útil	
conversar *to talk*	relacionadas *related to*
imágenes *images* (*in this case, of a religious nature*)	relaciones *relationships*
miembro *member*	

2 **Responder** In this video you are going to see people visiting **santeros** to talk about their problems and their futures. In preparation for watching the video, answer the following questions about your behavior and beliefs.

1. ¿Hablas con alguien (*someone*) cuando tienes problemas? ¿Con quién?

_____

_____

_____

2. ¿Crees que hay personas que pueden "ver" el futuro?

_____

_____

_____

Mientras ves el video

3 **Marcar** Check off the activities you see while watching the video.

_____ 1. hombre escribiendo

_____ 2. hombre leyendo

_____ 3. mujer corriendo

_____ 4. mujer llorando (*crying*)

_____ 5. niño jugando

_____ 6. personas bailando

_____ 7. personas caminando

_____ 8. personas cantando

_____ 9. personas conversando

Video Activities

Después de ver el video

4   **Responder**   Answer the questions in Spanish using complete sentences.

1. ¿Qué es la santería?

_____

2. ¿Quiénes son los santeros?

_____

3. ¿Qué venden en las tiendas de santería?

_____

4. ¿Para qué visitan las personas a los santeros?

_____

5. ¿Quiénes son los Eggún?

_____

6. ¿Qué hacen los Eggún cuando van a las casas de las personas?

_____

5   **¿Cierto o falso?**   Indicate whether each statement is **cierto** or **falso**. Correct the false statements.

1. Cada tres horas sale un barco de La Habana con destino a Regla.

_____

2. Regla es una ciudad donde se practica la santería.

_____

3. La santería es una práctica religiosa muy común en algunos países latinoamericanos.

_____

4. Los santeros no son personas importantes en su comunidad.

_____

5. La santería es una de las tradiciones cubanas más viejas.

_____

6   **Escribir**   In this video, you see a **santero** talking with a woman. In Spanish, write a short conversation. Include what the woman would ask the **santero** and how he would respond to her problems.

_____

_____

_____

_____

_____

Video Activities

Panorama: Perú

Antes de ver el video

1 **Más vocabulario** Look over these useful words and expressions before you watch the video.

Vocabulario útil		
canoa *canoe*	exuberante naturaleza	ruta *route, path*
dunas *sand dunes*	*lush countryside*	tabla *board*

2 **Preferencias** In this video you are going to learn about unusual sports. In preparation for watching the video, answer these questions about your interest in sports.

1. ¿Qué deportes practicas?

_____

2. ¿Dónde los practicas?

_____

3. ¿Qué deportes te gusta ver en televisión?

_____

Mientras ves el video

3 **Fotos** Describe the video stills. Write at least three sentences in Spanish for each still.

_____

_____

_____

_____

_____

_____

_____

_____

_____

_____

Lección 7 Panorama cultural Video Activities **81**

Después de ver el video

4 **¿Cierto o falso?** Indicate whether each statement is **cierto** or **falso**. Correct the false statements.

1. Pachamac es el destino favorito para los que pasean en bicicletas de montaña.

_____

2. El *sandboard* es un deporte antiguo de Perú.

_____

3. El *sandboard* se practica en Ocucaje porque en este lugar hay muchos parques.

_____

4. El Camino Inca termina en Machu Picchu.

_____

5. El Camino Inca se puede completar en dos horas.

_____

6. La pesca en pequeñas canoas es un deporte tradicional.

_____

5 **Completar** Complete the sentences with words from the word bank.

aventura	kilómetros	pesca
excursión	llamas	restaurante
exuberante	parque	tradicional

1. En Perú se practican muchos deportes de _____.

2. Pachamac está a 31 _____ de Lima.

3. La naturaleza en Santa Cruz es muy _____.

4. En Perú, uno de los deportes más antiguos es la _____ en pequeñas canoas.

5. Caminar con _____ es uno de los deportes tradicionales en Perú.

6. Santa Cruz es un sitio ideal para ir de _____.

6 **Escribir** Imagine that you just completed the **Camino Inca** in the company of a nice llama. Write a short letter to a friend in Spanish telling him or her about the things you did and saw.

_____

_____

_____

_____

_____

_____

Panorama: Guatemala   Lección 8

Antes de ver el video

1 **Más vocabulario** Look over these useful words and expressions before you watch the video.

Vocabulario útil		
alfombra *rug*	destruir *to destroy*	ruinas *ruins*
artículos *items*	época colonial *colonial times*	sobrevivir *to survive*
calle *street*	indígenas *indigenous people*	terremoto *earthquake*

2 **Describir** In this video you are going to learn about an open-air market that take place in Guatemala. In Spanish, describe one open-air market that you know.

mercado: _____

_____

_____

_____

_____

3 **Categorías** Categorize the words listed in the word bank.

bonitas	espectaculares	indígenas	quieres
calles	grandes	mercado	región
colonial	habitantes	monasterios	sentir
conocer	iglesias	mujeres	vieja

Lugares	Personas	Verbos	Adjetivos

Video Activities

Mientras ves el video

4 **Marcar** Check off what you see while watching the video.

_____ 1. fuente (*fountain*)

_____ 2. hombres con vestidos morados

_____ 3. mujer bailando

_____ 4. mujer llevando bebé en el mercado

_____ 5. mujeres haciendo alfombras de flores

_____ 6. niñas sonriendo

_____ 7. niño dibujando

_____ 8. personas hablando

_____ 9. ruinas

_____ 10. turista mirando el paisaje

Después de ver el video

5 **Completar** Complete the sentences with words from the word bank.

| aire libre | alfombras | atmósfera | fijo | indígenas | regatear |

1. En Semana Santa las mujeres hacen _____ con miles de flores.

2. En Chichicastenango hay un mercado al _____ los jueves y domingos.

3. En el mercado los artículos no tienen un precio _____.

4. Los clientes tienen que _____ cuando hacen sus compras.

5. En las calles de Antigua, los turistas pueden sentir la _____ del pasado.

6. Muchos _____ de toda la región vienen al mercado a vender sus productos.

6 **¿Cierto o falso?** Indicate whether each statement is **cierto** or **falso**. Correct the false statements.

1. Antigua fue la capital de Guatemala hasta 1773.

_____

2. Una de las celebraciones más importantes de Antigua es la de la Semana Santa.

_____

3. En esta celebración, muchas personas se visten con ropa de color verde.

_____

4. Antigua es una ciudad completamente moderna.

_____

5. Chichicastenango es una ciudad mucho más grande que Antigua.

_____

6. El terremoto de 1773 destruyó todas las iglesias y monasterios en Antigua.

_____

7 **Escribir** Write four sentences comparing the cities Antigua and Chichicastenango.

_____

_____

_____

_____

Video Activities

Panorama: Chile

Lección 9

Antes de ver el video

1 **Más vocabulario** Look over these useful words and expressions before you watch the video.

Vocabulario útil	
disfrutar (de) *to take advantage (of)*	**isla** *island*
grados *degrees*	**recursos naturales** *natural resources*
hace miles de años *thousands of years ago*	**repartidas** *spread throughout, distributed*
indígena *indigenous*	**vista** *view*

2 **Escribir** This video talks about Chile's Easter Island. In preparation for watching the video, answer the following questions.

1. ¿Has estado en una isla o conoces alguna? ¿Cómo se llama?

_____

2. ¿Dónde está? ¿Cómo es?

_____

Mientras ves el video

3 **Fotos** Describe the video stills. Write at least three sentences in Spanish for each still.

_____
_____
_____
_____
_____
_____

_____
_____
_____
_____
_____

Lección 9 Panorama cultural Video Activities

Video Activities

Después de ver el video

4   **Completar**   Complete the sentences with words from the word bank.

atracción	indígena
característico	llega
diferente	recursos
difícil	remoto
escalan	repartidas

1. Rapa Nui es el nombre de la isla de Pascua en la lengua _____ de la región.

2. Esta isla está en un lugar _____.

3. Los habitantes de esta isla no tenían muchos _____ naturales.

4. En un día de verano la temperatura _____ a los noventa grados.

5. Las esculturas moai son el elemento más _____ de esta isla.

6. Hay más de novecientas esculturas _____ por toda la isla.

7. Otra gran _____ de la isla es el gran cráter Rano Kau.

8. Los visitantes _____ el cráter para disfrutar de la espectacular vista.

5   **Preferencias**   In Spanish, list at least two things you like about this video and explain your choices.

_____

_____

_____

_____

_____

_____

_____

_____

_____

_____

_____

_____

Video Activities

contextos

Lección 1

1 **Identificar** You will hear six short exchanges. For each one, decide whether it is a greeting, an introduction, or a leave-taking. Mark the appropriate column with an **X**.

> **modelo**
> *You hear:* RAQUEL David, te presento a Paulina.
> DAVID Encantado.
> *You mark:* an **X** under *Introduction*.

	Greeting	Introduction	Leave-taking
Modelo	_____	X _____	_____
1.	_____	_____	_____
2.	_____	_____	_____
3.	_____	_____	_____
4.	_____	_____	_____
5.	_____	_____	_____
6.	_____	_____	_____

2 **Asociar** You will hear three conversations. Look at the drawing and write the number of the conversation under the appropriate group of people.

a. _____   b. _____   c. _____

3 **Preguntas** Listen to each question or statement and respond with an answer from the list in your lab manual. Repeat the correct response after the speaker.

a. Bien, gracias.　　　c. Lo siento.　　　e. Nada.
b. Chau.　　　d. Mucho gusto.　　　f. Soy de los Estados Unidos.

Audio Activities

pronunciación

The Spanish alphabet

The Spanish alphabet consists of 29 letters. The Spanish letter **ñ (eñe)** doesn't appear in the English alphabet. The letters **k (ka)** and **w (doble ve)** are used only in words of foreign origin.

Letra	Nombre(s)	Ejemplo(s)	Letra	Nombre(s)	Ejemplo(s)
a	a	**a**diós	n	ene	**n**acionalidad
b	be	**b**ien, pro**b**lema	ñ	eñe	ma**ñ**ana
c	ce	**c**osa, **c**ero	o	o	**o**nce
ch	che	**ch**ico	p	pe	**p**rofesor
d	de	**d**iario, na**d**a	q	cu	**q**ué
e	e	**e**studiante	r	ere	**r**egular, seño**r**a
f	efe	**f**oto	s	ese	**s**eñor
g	ge	**g**racias, **G**erardo, re**g**ular	t	te	**t**ú
h	hache	**h**ola	u	u	**u**sted
i	i	**i**gualmente	v	ve	**v**ista, nue**v**o
j	jota	**J**avier	w	doble ve	*walkman*
k	ka, ca	**k**ilómetro	x	equis	e**x**istir, Mé**x**ico
l	ele	**l**ápiz	y	i griega, ye	**y**o
ll	elle	**ll**ave	z	zeta, ceta	**z**ona
m	eme	**m**apa			

---

1   **El alfabeto**   Repeat the Spanish alphabet and example words after the speaker.

---

2   **Práctica**   When you hear the number, say the corresponding word aloud and then spell it. Then listen to the speaker and repeat the correct response.

1. nada	6. por favor	11. Javier
2. maleta	7. San Fernando	12. Ecuador
3. quince	8. Estados Unidos	13. Maite
4. muy	9. Puerto Rico	14. gracias
5. hombre	10. España	15. Nueva York

---

3   **Dictado**   You will hear six people introduce themselves. Listen carefully and write the people's names as they spell them.

1. _____

2. _____

3. _____

4. _____

5. _____

6. _____

Audio Activities

estructura

1.1 Nouns and articles

1 Identificar You will hear a series of words. Decide whether the word is masculine or feminine, and mark an **X** in the appropriate column.

> **modelo**
>
> *You hear:* lección
> *You mark:* an **X** under *feminine.*

	Masculine	Feminine
Modelo	_____	__X__
1.	_____	_____
2.	_____	_____
3.	_____	_____
4.	_____	_____
5.	_____	_____
6.	_____	_____
7.	_____	_____
8.	_____	_____

2 Transformar Change each word from the masculine to the feminine. Repeat the correct answer after the speaker. (*6 items*)

> **modelo**
>
> el chico
> la *chica*

3 Cambiar Change each word from the singular to the plural. Repeat the correct answer after the speaker. (*8 items*)

> **modelo**
>
> una palabra
> unas palabras

4 Completar Listen as Silvia reads her shopping list. Write the missing words in your lab manual.

_____ *diccionario*

un _____

_____ *cuadernos*

_____ *grabadora*

_____ *mapa (map) de* _____

_____ *lápices*

Lección 1 Audio Activities **89**

1.2 Numbers 0–30

1 **¡Bingo!** You are going to play two games (**juegos**) of bingo. As you hear each number, mark it with an **X** on your bingo card.

Juego 1		
1	3	5
29	25	6
14	18	17
9	12	21

Juego 2		
0	30	27
10	3	2
16	19	4
28	22	20

2 **Números** Use the cue in your lab manual to tell how many there are of each item. Repeat the correct response after the speaker.

> **modelo**
> *You see:* 18 chicos
> *You say:* dieciocho chicos

1. 15 lápices
2. 4 computadoras
3. 8 cuadernos

4. 22 días
5. 9 grabadoras
6. 30 fotos

7. 1 palabra
8. 26 diccionarios
9. 12 países

10. 3 problemas
11. 17 escuelas
12. 25 turistas

3 **Completar** You will hear a series of math problems. Write the missing numbers and solve the problems.

1. _____ + ___11___ = _____

2. _____ − ___5___ = _____

3. ___8___ + _____ = _____

4. _____ − ___12___ = _____

5. ___3___ + _____ = _____

6. _____ + ___0___ = _____

4 **Preguntas** Look at the drawing and answer each question you hear. Repeat the correct response after the speaker. (*6 items*)

Audio Activities

1.3 Present tense of **ser**

1 **Identificar** Listen to each sentence and mark an **X** in the column for the subject of the verb.

> **modelo**
>
> *You hear.* Son pasajeros.
> *You mark:* an **X** under **ellos**.

	yo	tú	él	nosotros	ellos
Modelo	_____	_____	_____	_____	X
1.	_____	_____	_____	_____	_____
2.	_____	_____	_____	_____	_____
3.	_____	_____	_____	_____	_____
4.	_____	_____	_____	_____	_____
5.	_____	_____	_____	_____	_____
6.	_____	_____	_____	_____	_____

2 **Cambiar** Form a new sentence using the cue you hear as the subject. Repeat the correct answer after the speaker. (*8 items*)

> **modelo**
>
> Isabel es de los Estados Unidos. (yo)
> Yo soy de los Estados Unidos.

3 **Escoger** Listen to each question and choose the most logical response.

1. a. Soy Patricia.   b. Es la señora Gómez.
2. a. Es de California.   b. Él es conductor.
3. a. Es del Ecuador.   b. Es un diccionario.
4. a. Es de Patricia.   b. Soy estudiante.
5. a. Él es conductor.   b. Es de España.
6. a. Es un cuaderno.   b. Soy de los Estados Unidos.

4 **Preguntas** Answer each question you hear using the cue in your lab manual. Repeat the correct response after the speaker.

> **modelo**
>
> *You hear:* ¿De dónde es Pablo?
> *You see:* Estados Unidos
> *You say:* Él es de los Estados Unidos.

1. España   2. California   3. México   4. Ecuador   5. Puerto Rico   6. Colorado

5 **¿Quiénes son?** Listen to this conversation and write the answers to the questions in your lab manual.

1. ¿Cómo se llama el hombre? _____
2. ¿Cómo se llama la mujer? _____
3. ¿De dónde es él? _____
4. ¿De dónde es ella? _____
5. ¿Quién es estudiante? _____
6. ¿Quién es profesor? _____

Audio Activities

1.4 Telling time

1 **La hora** Look at the clock and listen to the statement. Indicate whether the statement is **cierto** or **falso**.

Cierto   Falso   Cierto   Falso   Cierto   Falso

1. ○ ○   2. ○ ○   3. ○ ○

4. ○ ○   5. ○ ○   6. ○ ○

2 **Preguntas** Some people want to know what time it is. Answer their questions, using the cues in your lab manual. Repeat the correct response after the speaker.

> **modelo**
>
> *You hear:* ¿Qué hora es, por favor?
> *You see:* 3:10 p.m.
> *You say:* Son las tres y diez de la tarde.

1. 1:30 P.M.   3. 2:05 P.M.   5. 4:54 P.M.

2. 9:06 A.M.   4. 7:15 A.M.   6. 10:23 P.M.

3 **¿A qué hora?** You are trying to plan your class schedule. Ask your counselor what time these classes meet and write the answer.

> **modelo**
>
> *You see:* la clase de economía
> *You say:* ¿A qué hora es la clase de economía?
> *You hear:* Es a las once y veinte de la mañana.
> *You write:* 11:20 A.M.

1. la clase de biología: _____   4. la clase de literatura: _____

2. la clase de arte: _____   5. la clase de historia: _____

3. la clase de matemáticas: _____   6. la clase de sociología: _____

vocabulario

You will now hear the vocabulary found in your textbook on the last page of this lesson. Listen and repeat each Spanish word or phrase after the speaker.

Audio Activities

contextos

Lección 2

1 **Identificar** Look at each drawing and listen to the statement. Indicate whether the statement is **cierto** or **falso**.

	Cierto	Falso		Cierto	Falso		Cierto	Falso
1.	○	○	2.	○	○	3.	○	○
4.	○	○	5.	○	○	6.	○	○

2 **¿Qué día es?** Your friend Diego is never sure what day of the week it is. Respond to his questions saying that it is the day before the one he mentions. Then repeat the correct answer after the speaker. (6 *items*)

> **modelo**
> Hoy es domingo, ¿no?
> No, hoy es sábado.

3 **Preguntas** You will hear a series of questions. Look at Susana's schedule for today and answer each question. Then repeat the correct response after the speaker.

martes 18

○

9:00 economía — Sr. Rivera

11:00 química — Sra. Hernández

12:15 cafetería — Carmen

1:30 prueba de contabilidad — Sr. Ramos

3:00 matemáticas — Srta. Torres

4:30 laboratorio de computación — Héctor

○

Audio Activities

pronunciación

Spanish vowels

Spanish vowels are never silent; they are always pronounced in a short, crisp way without the glide sounds used in English.

a   e   i   o   u

The letter **a** is pronounced like the *a* in *father*, but shorter.

Álex   cl**a**se   n**a**d**a**   enc**a**nt**a**d**a**

The letter **e** is pronounced like the *e* in *they*, but shorter.

el   **e**n**e**   m**e**sa   **e**l**e**fant**e**

The letter **i** sounds like the *ee* in *beet*, but shorter.

Inés   ch**i**ca   t**i**za   señor**i**ta

The letter **o** is pronounced like the *o* in *tone*, but shorter.

h**o**la   c**o**n   libr**o**   d**o**n Francisc**o**

The letter **u** sounds like the *oo* in *room*, but shorter.

uno   reg**u**lar   sal**u**dos   g**u**sto

---

1 **Práctica** Practice the vowels by repeating the names of these places in Spain after the speaker.

1. Madrid   5. Barcelona
2. Alicante   6. Granada
3. Tenerife   7. Burgos
4. Toledo   8. La Coruña

---

2 **Oraciones** Repeat each sentence after the speaker, focusing on the vowels.

1. Hola. Me llamo Ramiro Morgado.

2. Estudio arte en la Universidad de Salamanca.

3. Tomo también literatura y contabilidad.

4. Ay, tengo clase en cinco minutos. ¡Nos vemos!

---

3 **Refranes** Repeat each saying after the speaker to practice vowels.

1. Del dicho al hecho hay un gran trecho.

2. Cada loco con su tema.

---

4 **Dictado** You will hear a conversation. Listen carefully and write what you hear during the pauses. The entire conversation will then be repeated so you can check your work.

JUAN _____

_____

_____

ROSA _____

JUAN _____

ROSA _____

estructura

2.1 Present tense of -ar verbs

1   **Identificar**   Listen to each sentence and mark an **X** in the column for the subject of the verb.

> **modelo**
>
> *You hear:* Trabajo en la cafetería.
> *You mark:* an **X** under **yo**.

	yo	tú	él/ella	nosotros	ellos/ellas
Modelo	X				
1.					
2.					
3.					
4.					
5.					
6.					
7.					
8.					

2   **Cambiar**   Form a new sentence using the cue you hear as the subject. Repeat the correct answer after the speaker. (*6 items*)

> **modelo**
>
> María practica los verbos ahora. (José y María)
> *José y María practican los verbos ahora.*

3   **Preguntas**   Answer each question you hear in the negative. Repeat the correct response after the speaker. (*8 items*)

> **modelo**
>
> ¿Estudias geografía?
> *No, yo no estudio geografía.*

4   **Completar**   Listen to the following description and write the missing words in your lab manual.

Teresa y yo (1) _____ en la Universidad Autónoma de Madrid. Teresa

(2) _____ lenguas extranjeras. Ella (3) _____ trabajar

en las Naciones Unidas (*United Nations*). Yo (4) _____ clases de periodismo.

También me gusta (5) _____ y (6) _____. Los sábados

(7) _____ con una tuna. Una tuna es una orquesta (*orchestra*) estudiantil.

Los jóvenes de la tuna (8) _____ por las calles (*streets*) y

(9) _____ canciones (*songs*) tradicionales de España.

Audio Activities

2.2 Forming questions in Spanish

1   **Escoger**   Listen to each question and choose the most logical response.

1. a. Porque mañana es la prueba.   b. Porque no hay clase mañana.

2. a. Viaja en autobús.   b. Viaja a Toledo.

3. a. Llegamos a las cuatro y media.   b. Llegamos al estadio.

4. a. Isabel y Diego dibujan.   b. Dibujan en la clase de arte.

5. a. No, enseña física.   b. No, enseña en la Universidad Politécnica.

6. a. Escuchan la grabadora.   b. Escuchan música clásica.

7. a. Sí, me gusta mucho.   b. Miro la televisión en la residencia.

8. a. Hay diccionarios en la biblioteca.   b. Hay tres.

2   **Cambiar**   Change each sentence into a question using the cue in your lab manual. Repeat the correct response after the speaker.

> **modelo**
>
> *You hear:* Los turistas toman el autobús.
> *You see:* ¿Quiénes?
> *You say:* ¿Quiénes toman el autobús?

1. ¿Dónde?   3. ¿Qué?   5. ¿Cuándo?   7. ¿Quiénes?

2. ¿Cuántos?   4. ¿Quién?   6. ¿Dónde?   8. ¿Qué?

3   **¿Lógico o ilógico?**   You will hear some questions and the responses. Decide if they are **lógico** (*logical*) or **ilógico** (*illogical*).

1. Lógico   Ilógico   3. Lógico   Ilógico   5. Lógico   Ilógico

2. Lógico   Ilógico   4. Lógico   Ilógico   6. Lógico   Ilógico

4   **Un anuncio**   Listen to this radio advertisement and answer the questions in your lab manual.

1. ¿Dónde está (*is*) la Escuela Cervantes? _____

_____

2. ¿Qué cursos ofrecen (*do they offer*) en la Escuela Cervantes? _____

_____

3. ¿Cuándo practican los estudiantes el español? _____

_____

4. ¿Adónde viajan los estudiantes de la Escuela Cervantes?_____

_____

2.3 Present tense of **estar**

1 **Describir** Look at the drawing and listen to each statement. Indicate whether the statement is **cierto** or **falso**.

	Cierto	Falso			Cierto	Falso			Cierto	Falso			Cierto	Falso
1.	○	○		3.	○	○		5.	○	○		7.	○	○
2.	○	○		4.	○	○		6.	○	○		8.	○	○

2 **Cambiar** Form a new sentence using the cue you hear. Repeat the correct answer after the speaker. (*8 items*)

> modelo
> Irma está en la biblioteca. (Irma y Hugo)
> Irma y Hugo *están en la biblioteca.*

3 **Escoger** You will hear some sentences with a beep in place of the verb. Decide which form of **ser** or **estar** should complete each sentence and circle it.

> modelo
> *You hear:* Javier (*beep*) estudiante.
> *You circle: es* because the sentence is *Javier es estudiante.*

1. es	está	5. es	está
2. es	está	6. eres	estás
3. es	está	7. son	están
4. Somos	Estamos	8. Son	Están

Lección 2 Audio Activities   **97**

2.4 Numbers 31 and higher

1 **Números de teléfono** You want to invite some classmates to a party, but you don't have their telephone numbers. Ask the person who sits beside you what their telephone numbers are, and write the answer.

> **modelo**
> *You see:* Elián
> *You say:* ¿Cuál es el número de teléfono de Elián?
> *You hear:* Es el ocho, cuarenta y tres, cero, ocho, treinta y cinco.
> *You write:* 843-0835

1. Arturo: _____

2. Alicia: _____

3. Roberto: _____

4. Graciela: _____

5. Simón: _____

6. Eva: _____

7. José Antonio: _____

8. Mariana: _____

2 **Dictado** Listen carefully and write each number as numerals rather than words.

1. _____   4. _____   7. _____

2. _____   5. _____   8. _____

3. _____   6. _____   9. _____

3 **Mensaje telefónico** Listen to this telephone conversation and complete the phone message in your lab manual with the correct information.

Mensaje telefónico
Para (*For*) _____
De parte de (*From*) _____
Teléfono _____
Mensaje _____
_____
_____
_____

vocabulario

You will now hear the vocabulary found in your textbook on the last page of this lesson. Listen and repeat each Spanish word or phrase after the speaker.

contextos

1 **Escoger** You will hear some questions. Look at the family tree and choose the correct answer to each question.

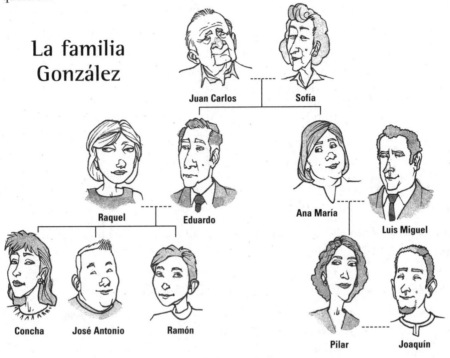

La familia González

Juan Carlos   Sofía

Raquel   Eduardo   Ana María   Luis Miguel

Concha   José Antonio   Ramón   Pilar   Joaquín

1. a. Pilar	b. Concha	5. a. José Antonio y Ramón	b. Eduardo y Ana María
2. a. Luis Miguel	b. Eduardo	6. a. Joaquín	b. Eduardo
3. a. Sofía	b. Ana María	7. a. Ana María	b. Sofía
4. a. Raquel	b. Sofía	8. a. Luis Miguel	b. Juan Carlos

2 **La familia González** Héctor wants to verify the relationship between various members of the González family. Look at the drawing and answer his questions with the correct information. Repeat the correct response after the speaker. (*6 items*)

> **modelo**
> Juan Carlos es el abuelo de Eduardo, ¿verdad?
> No, Juan Carlos es el padre de Eduardo.

3 **Profesiones** Listen to each statement and write the number of the statement below the drawing it describes.

a. _____   b. _____   c. _____   d. _____

Audio Activities

pronunciación

Diphthongs and linking

In Spanish, **a, e,** and **o** are considered strong vowels. The weak vowels are **i** and **u.**

    herm**a**no   n**i**ña   cu**ñad**o

A diphthong is a combination of two weak vowels or of a strong vowel and a weak vowel. Diphthongs are pronounced as a single syllable.

    r**ui**do   par**ie**ntes   per**io**dista

Two identical vowel sounds that appear together are pronounced like one long vowel.

    l**a a**buela   m**i hi**jo   una clas**e e**xcelente

Two identical consonants together sound like a single consonant.

    co**n N**atalia   su**s s**obrinos   la**s s**illas

A consonant at the end of a word is always linked with the vowel sound at the beginning of the next word.

    E**s i**ngeniera.   mi**s a**buelos   su**s hi**jos

A vowel at the end of a word is always linked with the vowel sound at the beginning of the next word.

    m**i h**ermano   s**u e**sposa   nuestr**o a**migo

1   **Práctica** Repeat each word after the speaker, focusing on the diphthongs.

1. historia	4. novia	7. puerta	10. estudiar
2. nieto	5. residencia	8. ciencias	11. izquierda
3. parientes	6. prueba	9. lenguas	12. ecuatoriano

2   **Oraciones** When you hear the number, read the corresponding sentence aloud. Then listen to the speaker and repeat the sentence.

1. Hola. Me llamo Anita Amaral. Soy del Ecuador.

2. Somos seis en mi familia.

3. Tengo dos hermanos y una hermana.

4. Mi papá es del Ecuador y mi mamá es de España.

3   **Refranes** Repeat each saying after the speaker to practice diphthongs and linking sounds.

1. Cuando una puerta se cierra, otra se abre.

2. Hablando del rey de Roma, por la puerta se asoma.

4   **Dictado** You will hear eight sentences. Each will be said twice. Listen carefully and write what you hear.

1. _____

2. _____

3. _____

4. _____

5. _____

6. _____

7. _____

8. _____

Audio Activities

100   **Lección 3** Audio Activities

estructura

3.1 Descriptive adjectives

1 **Transformar** Change each sentence from the masculine to the feminine. Repeat the correct answer after the speaker. (*6 items*)

> *modelo*
> El chico es mexicano.
> La *chica es mexicana.*

2 **Cambiar** Change each sentence from the singular to the plural. Repeat the correct answer after the speaker. (*6 items*)

> *modelo*
> El profesor es ecuatoriano.
> *Los profesores son ecuatorianos.*

3 **Mis compañeros de clase** Describe your classmates, using the cues in your lab manual. Repeat the correct response after the speaker.

> *modelo*
> *You hear:* María
> *You see:* alto
> *You say:* María es alta.

1. simpático
2. rubio
3. inteligente
4. pelirrojo y muy bonito
5. alto y moreno
6. delgado y trabajador
7. bajo y gordo
8. tonto

4 **Completar** Listen to the following description and write the missing words in your lab manual.

Mañana mis parientes llegan de Guayaquil. Son cinco personas: mi abuela Isabel, tío Carlos y tía Josefina, y mis primos Susana y Tomás. Mi prima es (1)_____ y (2)_____. Baila muy bien. Tomás es un niño (3)_____, pero es (4)_____. Tío Carlos es (5)_____ y (6)_____. Tía Josefina es (7)_____ y (8)_____. Mi abuela es (9)_____ y muy (10)_____.

5 **La familia Rivas** Look at the photo of the Rivas family and listen to each statement. Indicate whether the statement is **cierto** or **falso**.

	Cierto	Falso		Cierto	Falso
1.	○	○	5.	○	○
2.	○	○	6.	○	○
3.	○	○	7.	○	○
4.	○	○			

Audio Activities

Lección 3 Audio Activities

3.2 Possessive adjectives

1   **Identificar**   Listen to each statement and mark an **X** in the column for the possessive adjective you hear.

> **modelo**
>
> *You hear*: Es mi diccionario de español.
> *You mark*: an **X** under *my*.

	my	*your* (familiar)	*your* (formal)	*his/her*	*our*	*their*
Modelo	X					
1.						
2.						
3.						
4.						
5.						
6.						
7.						
8.						

2   **Escoger**   Listen to each question and choose the most logical response.

1. a. No, su hijastro no está aquí.
   b. Sí, tu hijastro está aquí.
2. a. No, nuestros abuelos son canadienses.
   b. Sí, sus abuelos son norteamericanos.
3. a. Sí, tu hijo trabaja ahora.
   b. Sí, mi hijo trabaja en la librería Goya.
4. a. Sus padres regresan a las nueve.
   b. Mis padres regresan a las nueve.
5. a. Nuestra hermana se llama Margarita.
   b. Su hermana se llama Margarita.
6. a. Tus plumas están en el escritorio.
   b. Sus plumas están en el escritorio.
7. a. No, mi sobrino es ingeniero.
   b. Sí, nuestro sobrino es programador.
8. a. Su horario es muy bueno.
   b. Nuestro horario es muy bueno.

3   **Preguntas**   Answer each question you hear in the affirmative using the appropriate possessive adjective. Repeat the correct response after the speaker. (*7 items*)

> **modelo**
>
> ¿Es tu lápiz?
> *Sí, es mi lápiz.*

3.3 Present tense of **-er** and **-ir** verbs

1   **Identificar** Listen to each statement and mark an **X** in the column for the subject of the verb.

> **modelo**
>
> *You hear:* Corro con Dora mañana.
> *You mark:* an **X** under **yo**.

	yo	tú	él/ella	nosotros	ellos/ellas
Modelo	X				
1.					
2.					
3.					
4.					
5.					
6.					

2   **Cambiar** Listen to the following statements. Using the cues you hear, say that these people do the same activities. Repeat the correct answer after the speaker. (*8 items*)

> **modelo**
>
> Julia aprende francés. (mi amigo)
> Mi amigo también aprende francés.

3   **Preguntas** Answer each question you hear in the negative. Repeat the correct response after the speaker. (*8 items*)

> **modelo**
>
> ¿Viven ellos en una residencia estudiantil?
> No, ellos no viven en una residencia estudiantil.

4   **Describir** Listen to each statement and write the number of the statement below the drawing it describes.

a. _____   b. _____   c. _____   d. _____

Lección 3 Audio Activities   **103**

3.4 Present tense of **tener** and **venir**

1   **Cambiar** Form a new sentence using the cue you hear as the subject. Repeat the correct answer after the speaker. (*6 items*)

> **modelo**
> Alicia viene a las seis. (David y Rita)
> David y Rita vienen a las seis.

2   **Consejos (Advice)** Some people are not doing what they should. Say what they have to do. Repeat the correct response after the speaker. (*6 items*)

> **modelo**
> Elena no trabaja.
> Elena tiene que trabajar.

3   **Preguntas** Answer each question you hear using the cue in your lab manual. Repeat the correct answer after the speaker.

> **modelo**
> ¿Tienen sueño los niños? (no)
> No, los niños no tienen sueño.

1. sí	3. no	5. sí	7. el domingo
2. Roberto	4. dos	6. mis tíos	

4   **Situaciones** Listen to each situation and choose the appropriate **tener** expression. Each situation will be repeated.

1. a. Tienes sueño.   b. Tienes prisa.
2. a. Tienen mucho cuidado.   b. Tienen hambre.
3. a. Tenemos mucho calor.   b. Tenemos mucho frío.
4. a. Tengo sed.   b. Tengo hambre.
5. a. Ella tiene razón.   b. Ella no tiene razón.
6. a. Tengo miedo.   b. Tengo sueño.

5   **Mi familia** Listen to the following description. Then read the statements in your lab manual and decide whether they are **cierto** or **falso**.

	Cierto	Falso		Cierto	Falso
1. Francisco desea ser periodista.	○	○	4. Él tiene una familia pequeña.	○	○
2. Francisco tiene 20 años.	○	○	5. Su madre es inglesa.	○	○
3. Francisco vive con su familia.	○	○	6. Francisco tiene una hermana mayor.	○	○

vocabulario

You will now hear the vocabulary found in your textbook on the last page of this lesson. Listen and repeat each Spanish word or phrase after the speaker.

Audio Activities

contextos

Lección 4

1 **Lugares** You will hear six people describe what they are doing. Choose the place that corresponds to the activity.

1. _____
2. _____
3. _____
4. _____
5. _____
6. _____

a. el museo
b. el café
c. la piscina
d. el cine

e. el estadio
f. las montañas
g. el parque
h. la biblioteca

2 **Describir** For each drawing, you will hear two statements. Choose the one that corresponds to the drawing.

1. a.   b.

2. a.   b.

3. a.   b.

4. a.   b.

3 **Completar** Listen to this description and write the missing words in your lab manual.

Chapultepec es un (1) _____ muy grande en el (2) _____ de

la (3) _____ de México. Los (4) _____ muchas

(5) _____ llegan a Chapultepec a pasear (*walk around*), descansar y practicar

(6) _____ como (*like*) el (7) _____, el fútbol, el vóleibol y

el (8) _____. Muchos turistas también (9) _____ por

Chapultepec. Visitan los (10) _____ y el (11) _____ a los

Niños Héroes.

Audio Activities

pronunciación

Word stress and accent marks

Every Spanish syllable contains at least one vowel. When two vowels are joined in the same syllable, they form a diphthong. A monosyllable is a word formed by a single syllable.

pe - **lí** - cu - la   e - di - fi - c**io**   ver   yo

The syllable of a Spanish word that is pronounced most emphatically is the "stressed" syllable.

bi - blio - **te** - ca   vi - si - **tar**   **par** - que   **fút** - bol

Words that end in **n**, **s**, or a **vowel** are usually stressed on the next to last syllable.

pe - **lo** - ta   pis - **ci** - na   **ra**- tos   **ha** - blan

If words that end in **n**, **s**, or a **vowel** are stressed on the last syllable, they must carry an accent mark on the stressed syllable.

na - ta - **ción**   pa - **pá**   in - **glés**   Jo - **sé**

Words that do not end in **n**, **s**, or a **vowel** are usually stressed on the last syllable.

bai - **lar**   es - pa - **ñol**   u - ni - ver - si - **dad**   tra - ba - ja - **dor**

If words that do not end in **n**, **s**, or a **vowel** are stressed on the next to last syllable, they must carry an accent mark on the stressed syllable.

béis - bol   **lá** - piz   **ár** - bol   **Gó** - mez

---

1   **Práctica** Repeat each word after the speaker, stressing the correct syllable.

1. profesor   4. Mazatlán   7. niños   10. México
2. Puebla   5. examen   8. Guadalajara 11. están
3. ¿Cuántos?   6. ¿Cómo?   9. programador 12. geografía

---

2   **Conversación** Repeat the conversation after the speaker to practice word stress.

MARINA   Hola, Carlos. ¿Qué tal?
CARLOS   Bien. Oye, ¿a qué hora es el partido de fútbol?
MARINA   Creo que es a las siete.
CARLOS   ¿Quieres ir?
MARINA   Lo siento, pero no puedo. Tengo que estudiar biología.

---

3   **Refranes** Repeat each saying after the speaker to practice word stress.

1. Quien ríe de último, ríe mejor.   2. En la unión está la fuerza.

---

4   **Dictado** You will hear six sentences. Each will be said twice. Listen carefully and write what you hear.

1. _____
2. _____
3. _____
4. _____
5. _____
6. _____

estructura

4.1 Present tense of ir

1 Identificar Listen to each sentence and mark an **X** in the column for the subject of the verb you hear.

> **modelo**
> *You hear:* Van a ver una película.
> *You mark:* an **X** under **ellos**.

	yo	tú	él	nosotros	ellos
Modelo	———	———	———	———	X ———
1.	———	———	———	———	———
2.	———	———	———	———	———
3.	———	———	———	———	———
4.	———	———	———	———	———
5.	———	———	———	———	———
6.	———	———	———	———	———

2 Cambiar Form a new sentence using the cue you hear as the subject. Repeat the correct answer after the speaker. (*8 items*)

> **modelo**
> Ustedes van al Museo Frida Kahlo. (yo)
> Yo voy al Museo Frida Kahlo.

3 Preguntas Answer each question you hear using the cue in your lab manual. Repeat the correct response after the speaker.

> **modelo**
> *You hear:* ¿Quiénes van a la piscina?
> *You see:* Gustavo y Elisa
> *You say:* Gustavo y Elisa van a la piscina.

1. mis amigos   3. al partido de baloncesto   5. sí
2. en el Café Tacuba   4. no   6. pasear en bicicleta

4 ¡Vamos! Listen to this conversation. Then read the statements in your lab manual and decide whether they are **cierto** or **falso**.

	Cierto	Falso
1. Claudia va a ir al gimnasio.	O	O
2. Claudia necesita comprar una mochila.	O	O
3. Sergio va a visitar a su tía.	O	O
4. Sergio va al gimnasio a las ocho de la noche.	O	O
5. Sergio va a ir al cine a las seis.	O	O
6. Claudia y Sergio van a ver una película.	O	O

Audio Activities

4.2 Stem-changing verbs: e→ie, o→ue

1 **Identificar** Listen to each sentence and write the infinitive form of the verb you hear.

> **modelo**
>
> *You hear:* No entiendo el problema.
> *You write:* entender

1. _____   4. _____   7. _____

2. _____   5. _____   8. _____

3. _____   6. _____

2 **Preguntas** Answer each question you hear using the cue in your lab manual. Repeat the correct response after the speaker.

> **modelo**
>
> *You hear:* ¿A qué hora comienza el partido?
> *You see:* 2:15 p.m.
> *You say:* El partido comienza a las dos y cuarto de la tarde.

1. el jueves   3. sí   5. leer una revista   7. a las tres
2. no   4. sí   6. mirar la televisión   8. Samuel

3 **Diversiones** Look at these listings from the entertainment section in a newspaper. Then listen to the questions and write the answers.

23D

MÚSICA
Palacio de Bellas Artes
Ballet folklórico
Viernes 9, 8:30 p.m.

Bosque de Chapultepec
Concierto de música mexicana
Domingo, 1:00 p.m.

MUSEOS
Museo de Arte Moderno

Pinturas de José Clemente
Orozco
De martes a domingo,
de 10:00 a.m. a 6:00 p.m.
Entrada libre

DEPORTES
Copa Internacional de Fútbol
México vs. Guatemala
Estadio Martín
Viernes 9, 8:30 p.m.

Campeonato de baloncesto
Los Universitarios vs. Los Toros
Gimnasio Municipal
Sábado 10, 7:30 p.m.

Torneo de Golf
con Lee Treviño
Club de Golf Atlas
Domingo 8, 9:00 a.m.

1. _____

2. _____

3. _____

4. _____

5. _____

Audio Activities

4.3 Stem-changing verbs: e→i

1 **Completar** Listen to this radio broadcast and fill in the missing words.

Este fin de semana los excursionistas (*hikers*) (1) _____ por más senderos (*trails*).

Dicen que ir de (2) _____ a las montañas es una (3) _____

muy popular y (4) _____ que (5) _____ más senderos. Si lo

(6) _____, la gente va a (7) _____ muy feliz. Si no, ustedes

pueden (8) _____ la historia aquí, en Radio Montaña.

2 **Escoger** Listen to each question and choose the most logical response.

1. a. Normalmente pido tacos.   b. Voy al restaurante los lunes.
2. a. Consigo novelas en la biblioteca.   b. Consigo revistas en el centro.
3. a. Repiten la película el sábado.   b. No deseo verla.
4. a. Sigue un programa de baloncesto.   b. No, está buceando.
5. a. Nunca pido pizza.   b. Nunca pido perdón.
6. a. Prefiere visitar un monumento.   b. Prefiere buscarla en la biblioteca.
7. a. ¿Quién fue el primer presidente?   b. A las cuatro de la tarde.
8. a. Sí, es muy interesante.   b. Sí, mi hermano juega.

3 **Conversación** Listen to the conversation and answer the questions.

1. ¿Qué quiere Paola?

_____

2. ¿Por qué repite Paola las palabras?

_____

3. ¿Hace Miguel el favor que le pide Paola?

_____

4. ¿Dónde puede conseguir la revista?

_____

Audio Activities

4.4 Verbs with irregular **yo** forms

1 Describir For each drawing, you will hear two statements. Choose the one that corresponds to the drawing.

1. a. _____   b.

2. a. _____   b.

3. a. _____   b.

4. a. _____   b.

2 Yo también Listen to the following statements about Roberto and respond by saying that you do the same things. Repeat the correct answer after the speaker. (*5 items*)

> **modelo**
>
> Roberto siempre (*always*) hace ejercicio (*exercise*).
> **Yo también hago ejercicio.**

3 Completar Listen to this telephone conversation and complete the statements in your lab manual.

1. Cristina ve _____.

2. Manuel y Ricardo quieren ir al parque para _____.

3. Manuel y Ricardo _____ las pelotas.

4. Manuel _____ la hora porque Cristina no _____.

5. Los chicos salen para el parque _____.

vocabulario

You will now hear the vocabulary found in your textbook on the last page of this lesson. Listen and repeat each Spanish word or phrase after the speaker.

contextos   Lección 5

1 **Identificar** You will hear a series of words. Write the word that does not belong in each series.

1. _____   5. _____

2. _____   6. _____

3. _____   7. _____

4. _____   8. _____

2 **Describir** For each drawing, you will hear two statements. Choose the one that corresponds to the drawing.

1. a.   b.   2. a.   b.   3. a.   b.

3 **En la agencia de viajes** Listen to this conversation between Mr. Vega and a travel agent. Then read the statements in your lab manual and decide whether they are **cierto** or **falso.**

	Cierto	Falso
1. El señor Vega quiere esquiar, pescar y bucear.	○	○
2. El señor Vega va a Puerto Rico.	○	○
3. El señor Vega quiere ir de vacaciones la primera semana de mayo.	○	○
4. Una habitación en Las Tres Palmas cuesta (*costs*) $85.00.	○	○
5. El hotel tiene restaurante, piscina y jacuzzi.	○	○

4 **Escoger** Listen to each statement and choose the most appropriate activity for that weather condition.

1. a. Vamos a ir a la piscina.   b. Vamos a poner la televisión.

2. a. Voy a escribir una carta.   b. Voy a bucear.

3. a. Vamos al museo.   b. Vamos a tomar el sol.

4. a. Mañana voy a pasear en bicicleta.   b. Mañana voy a esquiar.

5. a. Queremos ir al cine.   b. Queremos nadar.

6. a. Voy a correr en el parque.   b. Voy a leer un libro.

7. a. Quiero escuchar música.   b. Quiero jugar al golf.

Lección 5 Audio Activities   **111**

Audio Activities

pronunciación

Spanish **b** and **v**

There is no difference in pronunciation between the Spanish letters **b** and **v**. However, each letter can be pronounced two different ways, depending on which letters appear next to them.

| **b**ueno | **v**ólei**b**ol | **b**i**b**lioteca | **v**i**v**ir |

B and **v** are pronounced like the English hard **b** when they appear either as the first letter of a word, at the beginning of a phrase, or after **m** or **n**.

| **b**onito | **v**iajar | tam**b**ién | in**v**estigar |

In all other positions, **b** and **v** have a softer pronunciation, which has no equivalent in English. Unlike the hard **b**, which is produced by tightly closing the lips and stopping the flow of air, the soft **b** is produced by keeping the lips slightly open.

| de**b**er | no**v**io | a**b**ril | cer**v**eza |

In both pronunciations, there is no difference in sound between **b** and **v**. The English **v** sound, produced by friction between the upper teeth and lower lip, does not exist in Spanish. Instead, the soft **b** comes from friction between the two lips.

| **b**ola | **v**ela | Cari**b**e | decli**v**e |

When **b** or **v** begins a word, its pronunciation depends on the previous word. At the beginning of a phrase or after a word that ends in **m** or **n**, it is pronounced as a hard **b**.

Verónica y su esposo cantan ‿**b**oleros.

Words that begin with **b** or **v** are pronounced with a soft **b** if they appear immediately after a word that ends in a vowel or any consonant other than **m** or **n**.

Benito es de ‿**B**oquerón pero ‿**v**ive en ‿**V**ictoria.

---

1 **Práctica** Repeat these words after the speaker to practice the **b** and the **v**.

1. hablamos	4. van	7. doble	10. cabaña
2. trabajar	5. contabilidad	8. novia	11. llave
3. botones	6. bien	9. béisbol	12. invierno

---

2 **Oraciones** When you hear the number, read the corresponding sentence aloud, focusing on the **b** and **v** sounds. Then listen to the speaker and repeat the sentence.

1. Vamos a Guaynabo en autobús.
2. Voy de vacaciones a la Isla Culebra.
3. Tengo una habitación individual en el octavo piso.
4. Víctor y Eva van por avión al Caribe.
5. La planta baja es bonita también.
6. ¿Qué vamos a ver en Bayamón?
7. Beatriz, la novia de Víctor, es de Arecibo, Puerto Rico.

---

3 **Refranes** Repeat each saying after the speaker to practice the **b** and the **v**.

1. No hay mal que por bien no venga.
2. Hombre prevenido vale por dos.

---

4 **Dictado** You will hear four sentences. Each will be said twice. Listen carefully and write what you hear.

1. _____
2. _____
3. _____
4. _____

---

estructura

5.1 Estar with conditions and emotions

1 Describir For each drawing, you will hear two statements. Choose the one that corresponds to the drawing.

1. a. _____ b. _____

2. a. _____ b. _____

3. a. _____ b. _____

4. a. _____ b. _____

2 Cambiar Form a new sentence using the cue you hear as the subject. Repeat the correct answer after the speaker. (*8 items*)

> **modelo**
> Rubén está enojado con Patricia. (mamá)
> Mamá *está enojada con Patricia.*

3 Preguntas Answer each question you hear using the cues in your lab manual. Repeat the correct response after the speaker.

> **modelo**
> *You hear:* ¿Está triste Tomás?
> *You see:* no / contento/a
> *You say:* No, Tomás *está contento.*

1. no / abierto/a   3. su hermano   5. no / sucio/a
2. sí   4. no / ordenado/a   6. estar de vacaciones

4 Situaciones You will hear four brief conversations. Choose the statement that expresses how the people feel in each situation.

1. a. Ricardo está nervioso.   b. Ricardo está cansado.

2. a. La señora Fuentes está contenta. b. La señora Fuentes está preocupada.

3. a. Eugenio está aburrido.   b. Eugenio está avergonzado.

4. a. Rosario y Alonso están equivocados. b. Rosario y Alonso están enojados.

Audio Activities

5.2 The present progressive

1 **Escoger** Listen to what these people are doing. Then read the statements in your lab manual and choose the appropriate description.

1. a. Es profesor.   b. Es estudiante.

2. a. Es botones.   b. Es inspector de aduanas.

3. a. Eres artista.   b. Eres huésped.

4. a. Son jugadoras de fútbol.   b. Son programadoras.

5. a. Es ingeniero.   b. Es botones.

6. a. Son turistas.   b. Son empleados.

2 **Transformar** Change each sentence from the present tense to the present progressive. Repeat the correct answer after the speaker. (*6 items*)

> **modelo**
> Adriana confirma su reservación.
> Adriana **está confirmando** su reservación.

3 **Preguntas** Answer each question you hear using the cue in your lab manual and the present progressive. Repeat the correct response after the speaker.

> **modelo**
> *You hear:* ¿Qué hacen ellos?
> *You see:* jugar a las cartas
> *You say:* Ellos **están jugando** a las cartas.

1. hacer las maletas   3. dormir   5. hablar con el botones

2. pescar en el mar   4. correr en el parque   6. comer en el café

4 **Describir** You will hear some questions. Look at the drawing and respond to each question. Repeat the correct answer after the speaker. (*6 items*)

5.3 Ser and estar

1 Escoger You will hear some questions with a beep in place of the verb. Decide which form of **ser** or **estar** should complete each question and circle it.

> **modelo**
> You hear: ¿Cómo (beep)?
> You circle: **estás** because the question is **¿Cómo estás?**

1. es	está	4. Es	Está
2. Son	Están	5. Es	Está
3. Es	Está	6. Es	Está

2 ¿Cómo es? You just met Rosa Beltrán at a party. Describe her to a friend by using **ser** or **estar** with the cues you hear. Repeat the correct response after the speaker. (6 items)

> **modelo**
> muy amable
> Rosa es muy amable.

3 ¿Ser o estar? You will hear the subject of a sentence. Complete the sentence using a form of **ser** or **estar** and the cue in your lab manual. Repeat the correct response after the speaker.

> **modelo**
> You hear: Papá
> You see: en San Juan
> You say: Papá está en San Juan.

1. inspector de aduanas	3. a las diez	5. el 14 de febrero
2. la estación del tren	4. ocupados	6. corriendo a clase

4 ¿Lógico o no? You will hear some statements. Decide if they are **lógico** or **ilógico**.

1. Lógico	Ilógico	4. Lógico	Ilógico
2. Lógico	Ilógico	5. Lógico	Ilógico
3. Lógico	Ilógico	6. Lógico	Ilógico

5 Ponce Listen to Carolina's description of her vacation and answer the questions in your lab manual.

1. ¿Dónde está Ponce?

_____

2. ¿Qué tiempo está haciendo?

_____

3. ¿Qué es el Parque de Bombas?

_____

4. ¿Qué día es hoy?

_____

5. ¿Por qué no va Carolina al Parque de Bombas hoy?

_____

Audio Activities

5.4 Direct object nouns and pronouns

1 **Escoger** Listen to each question and choose the most logical response.

1. a. Sí, voy a comprarlo.
   b. No, no voy a comprarla.

2. a. Joaquín lo tiene.
   b. Joaquín la tiene.

3. a. Sí, los puedo llevar.
   b. No, no te puedo llevar.

4. a. Irene los tiene.
   b. Irene las tiene.

5. a. Sí, te llevamos al partido.
   b. Sí, nos llevas al partido.

6. a. No, vamos a hacerlo mañana.
   b. No, vamos a hacerla mañana.

7. a. Va a conseguirlos mañana.
   b. Va a conseguirlas mañana.

8. a. Pienso visitarla el fin de semana.
   b. Pienso visitarte el fin de semana.

2 **Cambiar** Restate each sentence you hear using a direct object pronoun. Repeat the correct answer after the speaker. (*6 items*)

> **modelo**
> Isabel está mirando la televisión.
> Isabel está mirándola.

Isabel está mirando la televisión... con Diego.

3 **No veo nada** You just broke your glasses and now you can't see anything. Respond to each statement using a direct object pronoun. Repeat the correct answer after the speaker. (*6 items*)

> **modelo**
> Allí está el Museo de Arte e Historia.
> ¿Dónde? No lo veo.

4 **Preguntas** Answer each question you hear in the negative. Repeat the correct response after the speaker. (*6 items*)

> **modelo**
> ¿Haces tu maleta?
> No, no la hago.

vocabulario

You will now hear the vocabulary found in your textbook on the last page of this lesson. Listen and repeat each Spanish word or phrase after the speaker.

Audio Activities

contextos

1 **¿Lógico o ilógico?** Listen to each statement and indicate if it is **lógico** or **ilógico**.

1. Lógico   Ilógico   5. Lógico   Ilógico
2. Lógico   Ilógico   6. Lógico   Ilógico
3. Lógico   Ilógico   7. Lógico   Ilógico
4. Lógico   Ilógico   8. Lógico   Ilógico

2 **Escoger** Listen as each person talks about the clothing he or she needs to buy. Then choose the activity for which the clothing would be appropriate.

1. a. ir a la playa   b. ir al cine
2. a. jugar al golf   b. buscar trabajo (*work*)
3. a. salir a bailar   b. ir a las montañas
4. a. montar a caballo   b. jugar a las cartas
5. a. jugar al vóleibol   b. comer en un restaurante elegante
6. a. hacer un viaje   b. patinar en línea

3 **Preguntas** Respond to each question saying that the opposite is true. Repeat the correct answer after the speaker. (*6 items*)

> *modelo*
>
> Las sandalias cuestan mucho, ¿no?
> No, las sandalias cuestan poco.

4 **Describir** You will hear some questions. Look at the drawing and write the answer to each question.

Diana   Carmen

1. _____

2. _____

3. _____

4. _____

Lección 6 Audio Activities   **117**

pronunciación

The consonants **d** and **t**

Like **b** and **v**, the Spanish **d** can have a hard sound or a soft sound, depending on which letters appear next to it.

    ¿**D**ónde?   vender   na**d**ar   ver**d**a**d**

At the beginning of a phrase and after **n** or **l**, the letter **d** is pronounced with a hard sound. This sound is similar to the English *d* in *dog*, but a little softer and duller. The tongue should touch the back of the upper teeth, not the roof of the mouth.

    Don   **d**inero   tien**d**a   fal**d**a

In all other positions, **d** has a soft sound. It is similar to the English *th* in *there*, but a little softer.

    me**d**ias   ver**d**e   vesti**d**o   huéspe**d**

When **d** begins a word, its pronunciation depends on the previous word. At the beginning of a phrase or after a word that ends in **n** or **l**, it is pronounced as a hard **d**.

    Don **D**iego no tiene el **d**iccionario.

Words that begin with **d** are pronounced with a soft **d** if they appear immediately after a word that ends in a vowel or any consonant other than **n** or **l**.

    Doña **D**olores es **d**e la capital.

When pronouncing the Spanish **t**, the tongue should touch the back of the upper teeth, not the roof of the mouth. In contrast to the English *t*, no air is expelled from the mouth.

    traje   pan**t**alones   **t**arje**t**a   **t**ienda

1   **Práctica** Repeat each phrase after the speaker to practice the **d** and the **t**.

1. Hasta pronto.	5. No hay de qué.	9. Es estupendo.
2. De nada.	6. ¿De dónde es usted?	10. No tengo computadora.
3. Mucho gusto.	7. ¡Todos a bordo!	11. ¿Cuándo vienen?
4. Lo siento.	8. No puedo.	12. Son las tres y media.

2   **Oraciones** When you hear the number, read the corresponding sentence aloud, focusing on the **d** and **t** sounds. Then listen to the speaker and repeat the sentence.

1. Don Teodoro tiene una tienda en un almacén en La Habana.
2. Don Teodoro vende muchos trajes, vestidos y zapatos todos los días.
3. Un día un turista, Federico Machado, entra en la tienda para comprar un par de botas.
4. Federico regatea con don Teodoro y compra las botas y también un par de sandalias.

3   **Refranes** Repeat each saying after the speaker to practice the **d** and the **t**.

1. En la variedad está el gusto.   2. Aunque la mona se vista de seda, mona se queda.

4   **Dictado** You will hear four sentences. Each will be said twice. Listen carefully and write what you hear.

1. _____
2. _____
3. _____
4. _____

Audio Activities

estructura

6.1 Saber and conocer

1 **¿Saber o conocer?** You will hear some sentences with a beep in place of the verb. Decide which form of **saber** or **conocer** should complete each sentence and circle it.

> **modelo**
>
> You hear: (Beep) cantar.
> You circle: **Sé** because the sentence is **Sé cantar.**

1. Sé	Conozco	3. Sabemos	Conocemos	5. Sabes	Conoces
2. Saben	Conocen	4. Sé	Conozco	6. Sabes	Conoces

2 **Cambiar** Listen to the following statements and say that you do the same activities. Repeat the correct answer after the speaker. (5 items)

> **modelo**
>
> Julia sabe nadar.
> Yo también sé nadar.

3 **Preguntas** Answer each question using the cue you hear. Repeat the correct response after the speaker. (6 items)

> **modelo**
>
> ¿Conocen tus padres Antigua? (Sí)
> Sí, mis padres conocen Antigua.

4 **Mi compañera de cuarto** Listen as Jennifer describes her roommate. Then read the statements in your lab manual and decide whether they are **cierto** or **falso**.

	Cierto	Falso
1. Jennifer conoció (met) a Laura en la escuela primaria.	O	O
2. Laura sabe hacer muchas cosas.	O	O
3. Laura sabe hablar alemán.	O	O
4. Laura sabe buscar gangas.	O	O
5. Laura sabe patinar en línea.	O	O
6. Laura conoce a algunos muchachos simpáticos.	O	O

5 **De compras** Listen to this conversation between Carmen and Rosalía. Then choose the correct answers to the questions in your lab manual.

1. ¿Cuál es el problema de Carmen cuando va de compras?
   a. Siempre encuentra gangas.   b. Nunca encuentra ofertas.

2. ¿Conoce Carmen el nuevo centro comercial?
   a. No lo conoce pero sabe dónde está.   b. Ni lo conoce, ni sabe dónde está.

3. ¿Qué quiere comprar Rosalía en el centro comercial?
   a. Quiere comprar zapatos.   b. No quiere comprar nada.

4. ¿Cuándo van Carmen y Rosalía de compras?
   a. Mañana antes del trabajo.   b. Mañana después del trabajo.

Audio Activities

6.2 Indirect object pronouns

1 **Escoger** Listen to each question and choose the most logical response.

1. a. Sí, le muestro el abrigo.

    b. Sí, me muestra el abrigo.

2. a. No, no le presto el suéter azul.

    b. No, no te presto el suéter azul.

3. a. Voy a comprarles ropa interior.

    b. Vamos a comprarle ropa interior.

4. a. Sí, nos dan las nuevas sandalias.

    b. Sí, me dan las nuevas sandalias.

5. a. Nos cuestan veinte dólares.

    b. Les cuestan veinte dólares.

6. a. Sí, nos trae un sombrero.

    b. Sí, te traigo un sombrero.

2 **Transformar** Cecilia is shopping. Say for whom she buys these items using indirect object pronouns. Repeat the correct answer after the speaker. (*6 items*)

> **modelo**
>
> Cecilia compra una bolsa para Dora.
> *Cecilia le compra una bolsa.*

3 **Preguntas** Answer each question you hear using the cue in your lab manual. Repeat the correct response after the speaker.

> **modelo**
>
> *You hear:* ¿Quién está esperándote?
> *You see:* Mauricio
> *You say: Mauricio está esperándome.*

1. sí	3. no	5. Antonio
2. $50,00	4. su traje nuevo	6. bluejeans

4 **En el centro comercial** Listen to this conversation and answer the questions in your lab manual.

1. ¿Quién es Gustavo?

_____

2. ¿Qué está haciendo Gustavo?

_____

3. ¿Qué le pregunta Gustavo a José?

_____

4. ¿Por qué le presta dinero José?

_____

5. ¿Cuándo va a regalarle (*to give*) la falda a Norma?

_____

Audio Activities

6.3 Preterite tense of regular verbs

1 **Identificar** Listen to each sentence and decide whether the verb is in the present or the preterite tense. Mark an **X** in the appropriate column.

modelo

You hear: Alejandro llevó un suéter marrón.
You mark: an **X** under *preterite*.

	Present	Preterite
Modelo		X
1.		
2.		
3.		
4.		
5.		
6.		
7.		
8.		

2 **Cambiar** Change each sentence from the present to the preterite. Repeat the correct answer after the speaker. (*8 items*)

modelo

Compro unas sandalias baratas.
Compré unas sandalias baratas.

3 **Preguntas** Answer each question you hear using the cue in your lab manual. Repeat the correct response after the speaker.

modelo

You hear: ¿Dónde conseguiste tus botas?
You see: en la tienda Lacayo
You say: Conseguí mis botas en la tienda Lacayo.

1. $26,00   2. ayer   3. Marta   4. no   5. no   6. no

4 **¿Estás listo?** Listen to this conversation between Matilde and Hernán. Make a list of the tasks Hernán has already done in preparation for his trip and a list of the tasks he still needs to do.

Tareas completadas

_____

_____

_____

_____

Tareas que necesita hacer

_____

_____

_____

_____

Audio Activities

6.4 Demonstrative adjectives and pronouns

1 **En el mercado** A group of tourists is shopping at an open-air market. Listen to what they say, and mark an **X** in the column for the demonstrative adjective you hear.

> **modelo**
>
> *You hear:* Me gusta mucho esa bolsa.
> *You mark:* an **X** under *that*.

	this	that	these	those
Modelo	_____	**X**	_____	_____
1.	_____	_____	_____	_____
2.	_____	_____	_____	_____
3.	_____	_____	_____	_____
4.	_____	_____	_____	_____

2 **Cambiar** Form a new sentence using the cue you hear. Repeat the correct answer after the speaker. (*6 items*)

> **modelo**
>
> Quiero este suéter. (chaqueta)
> *Quiero esta chaqueta.*

3 **Transformar** Form a new sentence using the cue you hear. Repeat the correct answer after the speaker. (*6 items*)

> **modelo**
>
> Aquel abrigo es muy hermoso. (corbatas)
> *Aquellas corbatas son muy hermosas.*

4 **Preguntas** Answer each question you hear in the negative using a form of the demonstrative pronoun **ése**. Repeat the correct response after the speaker. (*8 items*)

> **modelo**
>
> ¿Quieres esta blusa?
> *No, no quiero ésa.*

5 **De compras** Listen to this conversation. Then read the statements in your lab manual and decide whether they are **cierto** or **falso**.

	Cierto	Falso
1. Flor quiere ir al almacén Don Guapo.	O	O
2. Enrique trabaja en el almacén Don Guapo.	O	O
3. El centro comercial está lejos de los chicos.	O	O
4. Van al almacén que está al lado del Hotel Plaza.	O	O

vocabulario

You will now hear the vocabulary found in your textbook on the last page of this lesson. Listen and repeat each Spanish word or phrase after the speaker.

Audio Activities

contextos

Lección 7

1   **Describir**   For each drawing, you will hear two statements. Choose the one that corresponds to the drawing.

1. a. _____   b. _____   2. a. _____   b. _____

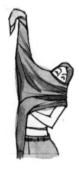

11:05 p.m.

3. a. _____   b. _____   4. a. _____   b. _____

2   **Preguntas**   Clara is going to baby-sit your nephew. Answer her questions about your nephew's daily routine using the cues in your lab manual. Repeat the correct response after the speaker.

> **modelo**
>
> *You hear:* ¿A qué hora va a la escuela?
> *You see:* 8:30 A.M.
> *You say:* Va a la escuela a las *ocho y media de* la mañana.

1. 7:00 A.M.   4. champú para niños
2. se lava la cara   5. 9:00 P.M.
3. por la noche   6. después de comer

3   **Entrevista**   Listen to this interview. Then read the statements in your lab manual and decide whether they are **cierto** or **falso**.

	Cierto	Falso
1. Sergio Santos es jugador de fútbol.	○	○
2. Sergio se levanta a las 5:00 A.M.	○	○
3. Sergio se ducha por la mañana y por la noche.	○	○
4. Sergio se acuesta a las 11:00 P.M.	○	○

Audio Activities

pronunciación

The consonant r

In Spanish, **r** has a strong trilled sound at the beginning of a word. No English words have a trill, but English speakers often produce a trill when they imitate the sound of a motor.

| ropa | rutina | rico | **R**amón |

In any other position, **r** has a weak sound similar to the English *tt* in *better* or the English *dd* in *ladder*. In contrast to English, the tongue touches the roof of the mouth behind the teeth.

| gustar | durante | primero | crema |

The letter combination **rr**, which only appears between vowels, always has a strong trilled sound.

| pizarra | corro | marrón | aburrido |

Between vowels, the difference between the strong trilled **rr** and the weak **r** is very important, as a mispronunciation could lead to confusion between two different words.

| caro | carro | pero | perro |

1 **Práctica** Repeat each word after the speaker, to practice the **r** and the **rr**.

1. Perú
2. Rosa
3. borrador
4. madre
5. comprar
6. favor
7. rubio
8. reloj
9. Arequipa
10. tarde
11. cerrar
12. despertador

2 **Oraciones** When you hear the number, read the corresponding sentence aloud, focusing on the **r** and **rr** sounds. Then listen to the speaker and repeat the sentence.

1. Ramón Robles Ruiz es programador. Su esposa Rosaura es artista.
2. A Rosaura Robles le encanta regatear en el mercado.
3. Ramón nunca regatea… le aburre regatear.
4. Rosaura siempre compra cosas baratas.
5. Ramón no es rico pero prefiere comprar cosas muy caras.
6. ¡El martes Ramón compró un carro nuevo!

3 **Refranes** Repeat each saying after the speaker to practice the **r** and the **rr**.

1. Perro que ladra no muerde.
2. No se ganó Zamora en una hora.

4 **Dictado** You will hear seven sentences. Each will be said twice. Listen carefully and write what you hear.

1. _____
2. _____
3. _____
4. _____
5. _____
6. _____
7. _____

Audio Activities

124 **Lección 7** Audio Activities

estructura

7.1 Reflexive verbs

1 **Describir** For each drawing, you will hear two statements. Choose the one that corresponds to the drawing.

1. a. _____ b. _____   2. a. _____ b. _____

3. a. _____ b. _____   4. a. _____ b. _____

2 **Preguntas** Answer each question you hear in the affirmative. Repeat the correct response after the speaker. (*7 items*)

> **modelo**
> ¿Se levantó temprano Rosa?
> Sí, Rosa se levantó temprano.

3 **¡Esto fue el colmo! (*The last straw!*)** Listen as Julia describes what happened in her dorm yesterday. Then choose the correct ending for each statement in your lab manual.

1. Julia se ducha en cinco minutos porque...
   a. siempre se levanta tarde.   b. las chicas de su piso comparten un cuarto de baño.
2. Ayer la chica nueva...
   a. se quedó dos horas en el baño.   b. se preocupó por Julia.
3. Cuando salió, la chica nueva...
   a. se enojó mucho.   b. se sintió (*felt*) avergonzada.

7.2 Positive and negative words

1 **¿Lógico o ilógico?** You will hear some questions and the responses. Decide if they are **lógico** or **ilógico**.

	Lógico	Ilógico		Lógico	Ilógico
1.	○	○	5.	○	○
2.	○	○	6.	○	○
3.	○	○	7.	○	○
4.	○	○	8.	○	○

2 **¿Pero o sino?** You will hear some sentences with a beep in place of a word. Decide if **pero** or **sino** should complete each sentence and circle it.

> **modelo**
> *You hear:* Ellos no viven en Lima (*beep*) en Arequipa.
> *You circle:* sino because the sentence is *Ellos no viven en Lima sino en Arequipa.*

1.	pero	sino	5.	pero	sino
2.	pero	sino	6.	pero	sino
3.	pero	sino	7.	pero	sino
4.	pero	sino	8.	pero	sino

3 **Transformar** Change each sentence you hear to say the opposite is true. Repeat the correct answer after the speaker. (*6 items*)

> **modelo**
> Nadie se ducha ahora.
> Alguien se ducha ahora.

4 **Preguntas** Answer each question you hear in the negative. Repeat the correct response after the speaker. (*6 items*)

> **modelo**
> ¿Qué estás haciendo?
> No estoy haciendo nada.

5 **Entre amigos** Listen to this conversation between Felipe and Mercedes. Then decide whether the statements in your lab manual are **cierto** or **falso**.

	Cierto	Falso
1. No hay nadie en la residencia.	○	○
2. Mercedes quiere ir al Centro Estudiantil.	○	○
3. Felipe tiene un amigo peruano.	○	○
4. Mercedes no visitó ni Machu Picchu ni Cuzco.	○	○
5. Felipe nunca visitó el Perú.	○	○

Audio Activities

7.3 Preterite of **ser** and **ir**

1 **Escoger** Listen to each sentence and indicate whether the verb is a form of **ser** or **ir**.

1. ser   ir   5. ser   ir
2. ser   ir   6. ser   ir
3. ser   ir   7. ser   ir
4. ser   ir   8. ser   ir

2 **Cambiar** Change each sentence from the present to the preterite. Repeat the correct answer after the speaker. (*8 items*)

> **modelo**
> Ustedes van en avión.
> **Ustedes fueron en avión.**

3 **Preguntas** Answer each question you hear using the cue in your lab manual. Repeat the correct response after the speaker.

> **modelo**
> *You hear:* ¿Quién fue tu profesor de química?
> *You see:* el señor Ortega
> *You say:* El señor Ortega fue mi profesor de química.

1. al mercado al aire libre   4. fabulosa
2. muy buenas   5. al parque
3. no   6. difícil

4 **¿Qué hicieron (*did they do*) anoche?** Listen to this telephone conversation and answer the questions in your lab manual.

1. ¿Adónde fue Carlos anoche?

   _____

2. ¿Cómo fue el partido? ¿Por qué?

   _____

3. ¿Adónde fueron Katarina y Esteban anoche?

   _____

4. Y Esteban, ¿qué hizo (*did he do*) allí?

   _____

Audio Activities

7.4 Verbs like **gustar**

1 **Escoger** Listen to each question and choose the most logical response.

1. a. Sí, me gusta.   b. Sí, te gusta.
2. a. No, no le interesa.   b. No, no le interesan.
3. a. Sí, les molestan mucho.   b. No, no les molesta mucho.
4. a. No, no nos importa.   b. No, no les importa.
5. a. Sí, le falta.   b. Sí, me falta.
6. a. Sí, les fascina.   b. No, no les fascinan.

2 **Cambiar** Form a new sentence using the cue you hear. Repeat the correct answer after the speaker. (*6 items*)

> **modelo**
> A ellos les interesan las ciencias. (a Ricardo)
> A Ricardo le interesan las ciencias.

3 **Preguntas** Answer each question you hear using the cue in your lab manual. Repeat the correct response after the speaker.

> **modelo**
> *You hear:* ¿Qué te encanta hacer?
> *You see:* patinar en línea
> *You say:* Me encanta patinar en línea.

1. la familia y los amigos   4. $2,00   7. no / nada
2. sí   5. el baloncesto y el béisbol   8. sí
3. las computadoras   6. no

4 **Preferencias** Listen to this conversation. Then fill in the chart with Eduardo's preferences and answer the question in your lab manual.

Le gusta	No le gusta

¿Qué van a hacer los chicos esta tarde? _____

vocabulario

You will now hear the vocabulary found in your textbook on the last page of this lesson. Listen and repeat each Spanish word or phrase after the speaker.

Audio Activities

contextos

1 **Identificar** Listen to each question and mark an **X** in the appropriate category.

> **modelo**
>
> *You hear:* ¿Qué es la piña?
> *You mark:* an **X** under **fruta.**

	carne	pescado	verdura	fruta	bebida
Modelo	_____	_____	_____	X	_____
1.	_____	_____	_____	_____	_____
2.	_____	_____	_____	_____	_____
3.	_____	_____	_____	_____	_____
4.	_____	_____	_____	_____	_____
5.	_____	_____	_____	_____	_____
6.	_____	_____	_____	_____	_____
7.	_____	_____	_____	_____	_____
8.	_____	_____	_____	_____	_____

2 **Describir** Listen to each sentence and write the number of the sentence below the drawing of the food or drink mentioned.

a. _____ b. _____ c. _____ d. _____

e. _____ f. _____ g. _____ h. _____

i. _____ j. _____

3 **En el restaurante** You will hear a couple ordering a meal in a restaurant. Write the items they order in the appropriate categories.

	SEÑORA	SEÑOR
Primer plato		
Plato principal		
Verdura		
Bebida		

Audio Activities

pronunciación

ll, ñ, c, and z

Most Spanish speakers pronounce the letter **ll** like the *y* in *yes*.

    po**ll**o   **ll**ave   e**ll**a   cebo**ll**a

The letter **ñ** is pronounced much like the *ny* in *canyon*.

    ma**ñ**ana   se**ñ**or   ba**ñ**o   ni**ñ**a

Before **a, o,** or **u,** the Spanish **c** is pronounced like the *c* in *car*.

    café   **c**olombiano   **c**uando   ri**c**o

Before **e** or **i,** the Spanish **c** is pronounced like the *s* in *sit*. In parts of Spain, **c** before **e** or **i** is pronounced like the *th* in *think*.

    cereales   deli**c**ioso   condu**c**ir   cono**c**er

The Spanish **z** is pronounced like the *s* in *sit*. In parts of Spain, **z** before a vowel is pronounced like the *th* in *think*.

    zeta   **z**anahoria   almuer**z**o   cerve**z**a

1   **Práctica** Repeat each word after the speaker to practice pronouncing **ll, ñ, c,** and **z.**

    1. mantequilla   5. español   9. quince

    2. cuñado   6. cepillo   10. compañera

    3. aceite   7. zapato   11. almorzar

    4. manzana   8. azúcar   12. calle

2   **Oraciones** When the speaker pauses, repeat the corresponding sentence or phrase, focusing on **ll, ñ, c,** and **z.**

    1. Mi compañero de cuarto se llama Toño Núñez. Su familia es de la ciudad de Guatemala y de Quetzaltenango.

    2. Dice que la comida de su mamá es deliciosa, especialmente su pollo al champiñón y sus tortillas de maíz.

    3. Creo que Toño tiene razón porque hoy cené en su casa y quiero volver mañana para cenar allí otra vez.

3   **Refranes** Repeat each saying after the speaker to practice pronouncing **ll, ñ, c,** and **z.**

    1. Las aparencias engañan.

    2. Panza llena, corazón contento.

4   **Dictado** You will hear five sentences. Each will be said twice. Listen carefully and write what you hear.

    1. _____

    2. _____

    3. _____

    4. _____

    5. _____

Audio Activities

estructura

8.1 Preterite of stem-changing verbs

1 Identificar Listen to each sentence and decide whether the verb is in the present or the preterite tense. Mark an **X** in the appropriate column.

> **modelo**
> *You hear:* Pido bistec con papas fritas.
> *You mark:* an **X** under *Present.*

	Present	Preterite
Modelo	X	
1.		
2.		
3.		
4.		
5.		
6.		
7.		
8.		

2 Cambiar Change each sentence you hear substituting the new subject given. Repeat the correct response after the speaker. (*6 items*)

> **modelo**
> Tú no dormiste bien anoche. (Los niños)
> Los niños no durmieron bien anoche.

3 Preguntas Answer each question you hear using the cue in your lab manual. Repeat the correct response after the speaker.

> **modelo**
> *You hear:* ¿Qué pediste?
> *You see:* pavo asado con papas y arvejas
> *You say:* Pedí pavo asado con papas y arvejas.

1. Sí   3. leche   5. No
2. No   4. Sí   6. la semana pasada

4 Un día largo Listen as Ernesto describes what he did yesterday. Then read the statements in your lab manual and decide whether they are **cierto** or **falso**.

	Cierto	Falso
1. Ernesto se levantó a las seis y media de la mañana.	O	O
2. Se bañó y se vistió.	O	O
3. Los clientes empezaron a llegar a la una.	O	O
4. Almorzó temprano.	O	O
5. Pidió pollo asado con papas.	O	O
6. Después de almorzar, Ernesto y su primo siguieron trabajando.	O	O

Audio Activities

8.2 Double object pronouns

1

Escoger The manager of **El Gran Pavo** Restaurant wants to know what items the chef is going to serve to the customers today. Listen to each question and choose the correct response.

1. a. Sí, se las voy a servir.   b. No, no se los voy a servir.

2. a. Sí, se la voy a servir.   b. No, no se lo voy a servir.

3. a. Sí, se los voy a servir.   b. No, no se las voy a servir.

4. a. Sí, se los voy a servir.   b. No, no se las voy a servir.

5. a. Sí, se la voy a servir.   b. No, no se lo voy a servir.

6. a. Sí, se lo voy a servir.   b. No, no se la voy a servir.

2

Cambiar Repeat each statement, replacing the direct object noun with a pronoun. (6 items)

> **modelo**
> María te hace ensalada.
> María te la hace.

3

Preguntas Answer each question using the cue you hear and object pronouns. Repeat the correct response after the speaker. (5 items)

> **modelo**
> ¿Me recomienda usted los mariscos? (Sí)
> Sí, se los recomiendo.

4

Una fiesta Listen to this conversation between Eva and Marcela. Then read the statements in your lab manual and decide whether they are **cierto** or **falso**.

	Cierto	Falso
1. Le van a hacer una fiesta a Sebastián.	○	○
2. Le van a preparar langosta.	○	○
3. Le van a preparar una ensalada de mariscos.	○	○
4. Van a tener vino tinto, cerveza, agua mineral y té helado.	○	○
5. Clara va a comprar cerveza.	○	○
6. Le compraron un cinturón.	○	○

Audio Activities

8.3 Comparisons

1 **Escoger** You will hear a series of descriptions. Choose the statement in your lab manual that expresses the correct comparison.

1. a. Yo tengo más dinero que Rafael.

   b. Yo tengo menos dinero que Rafael.

2. a. Elena es mayor que Juan.

   b. Elena es menor que Juan.

3. a. Enrique come más hamburguesas que José.

   b. Enrique come tantas hamburguesas como José.

4. a. La comida de la Fonda es mejor que la comida del Café Condesa.

   b. La comida de la Fonda es peor que la comida del Café Condesa.

5. a. Las langostas cuestan tanto como los camarones.

   b. Los camarones cuestan menos que las langostas.

2 **Comparar** Look at each drawing and answer the question you hear with a comparative statement. Repeat the correct response after the speaker.

1.   **Ricardo**   **Sara**

2.   **Héctor**   **Alejandro**

3.   **Leonor**   **Melissa**

3 **Al contrario** You are babysitting Anita, a small child, who starts boasting about herself and her family. Respond to each statement using a comparative of equality. Then repeat the correct answer after the speaker. (*6 items*)

> **modelo**
> Mi mamá es más bonita que tu mamá.
> Al contrario, mi mamá es tan bonita como tu mamá.

Audio Activities

8.4 Superlatives

1 **Superlativos** You will hear a series of descriptions. Choose the statement in your lab manual that expresses the correct superlative.

1. a. Tus pantalones no son los más grandes de la tienda.

   b. Tus pantalones son los más grandes de la tienda.

2. a. La camisa blanca es la más bonita del centro comercial.

   b. La camisa blanca no es tan bonita como otras camisas de la tienda.

3. a. Las rebajas del centro comercial son peores que las rebajas de la tienda.

   b. En el centro comercial puedes encontrar las mejores rebajas.

4. a. El vestido azul es el más caro de la tienda.

   b. El vestido azul es el más barato de la tienda.

5. a. Sebastián es el mejor vendedor de la tienda.

   b. Sebastián es el peor vendedor de la tienda.

2 **Preguntas** Answer each question you hear using the absolute superlative. Repeat the correct response after the speaker. (*6 items*)

> **modelo**
> La comida de la cafetería es mala, ¿no?
> Sí, *es malísima.*

3 **Anuncio** Listen to this advertisement. Then read the statements and decide whether they are **cierto** or **falso**.

	Cierto	Falso
1. El Corte Inglés es el almacén más pequeño de la ciudad.	○	○
2. La mejor ropa es siempre carísima.	○	○
3. Los zapatos de El Corte Inglés son muy elegantes.	○	○
4. En El Corte Inglés gastas menos dinero y siempre tienes muy buena calidad.	○	○
5. El horario de El Corte Inglés es tan flexible como el horario de las tiendas.	○	○

vocabulario

You will now hear the vocabulary found in your textbook on the last page of this lesson. Listen and repeat each Spanish word or phrase after the speaker.

contextos

1 **¿Lógico o ilógico?** You will hear some statements. Decide if they are **lógico** or **ilógico**.

1. Lógico   Ilógico   5. Lógico   Ilógico
2. Lógico   Ilógico   6. Lógico   Ilógico
3. Lógico   Ilógico   7. Lógico   Ilógico
4. Lógico   Ilógico   8. Lógico   Ilógico

2 **Escoger** For each drawing, you will hear three statements. Choose the one that corresponds to the drawing.

1. a.   b.   c.   2. a.   b.   c.

3. a.   b.   c.   4. a.   b.   c.

3 **Una celebración** Listen as señora Jiménez talks about a party she has planned. Then answer the questions in your lab manual.

1. ¿Para quién es la fiesta?

_____

2. ¿Cuándo es la fiesta?

_____

3. ¿Por qué hacen la fiesta?

_____

4. ¿Quiénes van a la fiesta?

_____

5. ¿Qué van a hacer los invitados en la fiesta?

_____

Audio Activities

pronunciación

The letters **h**, **j**, and **g**

The Spanish **h** is always silent.

helado	**h**ombre	**h**ola	**h**ermosa

The letter **j** is pronounced much like the English *h* in *his*.

José	**j**ubilarse	de**j**ar	pare**j**a

The letter **g** can be pronounced three different ways. Before **e** or **i**, the letter **g** is pronounced much like the English *h*.

a**g**encia	**g**eneral	**G**il	**G**isela

At the beginning of a phrase or after the letter **n**, the Spanish **g** is pronounced like the English *g* in *girl*.

Gustavo, **g**racias por llamar el domin**g**o.

In any other position, the Spanish **g** has a somewhat softer sound.

Me **g**radué en a**g**osto.

In the combinations **gue** and **gui**, the **g** has a hard sound and the **u** is silent. In the combination **gua**, the **g** has a hard sound and the **u** is pronounced like the English *w*.

Guerra	conse**gui**r	**gua**ntes	a**gua**

1 Práctica Repeat each word after the speaker to practice pronouncing **h**, **j**, and **g**.

1. hamburguesa	4. guapa	7. espejo	10. gracias	13. Jorge
2. jugar	5. geografía	8. hago	11. hijo	14. tengo
3. oreja	6. magnífico	9. seguir	12. galleta	15. ahora

2 Oraciones When you hear the number, read the corresponding sentence aloud. Then listen to the speaker and repeat the sentence.

1. Hola. Me llamo Gustavo Hinojosa Lugones y vivo en Santiago de Chile.
2. Tengo una familia grande; somos tres hermanos y tres hermanas.
3. Voy a graduarme en mayo.
4. Para celebrar mi graduación mis padres van a regalarme un viaje a Egipto.
5. ¡Qué generosos son!

3 Refranes Repeat each saying after the speaker to practice pronouncing **h**, **j**, and **g**.

1. A la larga, lo más dulce amarga.　　2. El hábito no hace al monje.

4 Dictado Victoria is talking to her friend Mirta on the phone. Listen carefully and during the pauses write what she says. The entire passage will then be repeated so that you can check your work.

_____
_____
_____
_____

Audio Activities

estructura

9.1 Irregular preterites

1 **Escoger** Listen to each question and choose the most logical response.

1. a. No, no conduje hoy.   b. No, no condujo hoy.
2. a. Te dije que tengo una cita con   b. Me dijo que tiene una cita con
      Gabriela esta noche.   Gabriela esta noche.
3. a. Estuvimos en la casa de Marta.   b. Estuvieron en la casa de Marta.
4. a. Porque tuvo que estudiar.   b. Porque tiene que estudiar.
5. a. Lo supieron la semana pasada.   b. Lo supimos la semana pasada.
6. a. Los pusimos en la mesa.   b. Los pusiste en la mesa.
7. a. No, sólo tradujimos un poco.   b. No, sólo traduje un poco.
8. a. Sí, le di $20.000.   b. Sí, le dio $20.000.

2 **Cambiar** Change each sentence from the present to the preterite. Repeat the correct answer after the speaker. (*8 items*)

> **modelo**
> Él pone el flan sobre la mesa.
> Él puso el flan sobre la mesa.

3 **Preguntas** Answer each question you hear using the cue in your lab manual. Substitute object pronouns for the direct object when possible. Repeat the correct answer after the speaker.

> **modelo**
> *You hear:* ¿Quién condujo el auto?
> *You see:* yo
> *You say:* Yo lo conduje.

1. Gerardo   3. nosotros   5. ¡Felicitaciones!
2. Mateo y Yolanda 4. muy buena   6. mi papá

4 **Completar** Listen to the dialogue and write the missing words in your lab manual.

(1) _____ por un amigo que los Márquez (2) _____ a visitar

a su hija. Me (3) _____ que (4) _____ desde

Antofagasta y que se (5) _____ en el Hotel Carrera. Les

(6) _____ una llamada (*call*) anoche pero no (7) _____

el teléfono. Sólo (8) _____ dejarles un mensaje. Hoy ellos me

(9) _____ y me (10) _____ si mi esposa y yo teníamos

tiempo para almorzar con ellos. Claro que les (11) _____ que sí.

Audio Activities

9.2 Verbs that change meaning in the preterite

1 **Identificar** Listen to each sentence and mark and **X** in the column for the subject of the verb.

> **modelo**
>
> *You hear:* ¿Cuándo lo supiste?
> *You mark:* an **X** under **tú.**

	yo	tú	él/ella	nosotros	ellos/ellas
Modelo	_____	**X**	_____	_____	_____
1. _____	_____	_____	_____	_____	_____
2. _____	_____	_____	_____	_____	_____
3. _____	_____	_____	_____	_____	_____
4. _____	_____	_____	_____	_____	_____
5. _____	_____	_____	_____	_____	_____
6. _____	_____	_____	_____	_____	_____
7. _____	_____	_____	_____	_____	_____
8. _____	_____	_____	_____	_____	_____

2 **Preguntas** Answer each question you hear using the cue in your lab manual. Substitute object pronouns for the direct object when possible. Repeat the correct response after the speaker.

> **modelo**
>
> *You hear:* ¿Conocieron ellos a Sandra?
> *You see:* sí
> *You say:* Sí, la conocieron.

1. sí   2. en la casa de Ángela   3. el viernes   4. no   5. no   6. anoche

3 **¡Qué lástima!** (*What a shame!*) Listen as José talks about some news he recently received. Then read the statements and decide whether they are **cierto** or **falso**.

	Cierto	Falso
1. Supieron de la muerte ayer.	O	O
2. Se sonrieron cuando oyeron las noticias (*news*).	O	O
3. Carolina no se pudo comunicar con la familia.	O	O
4. Francisco era (*was*) joven.	O	O
5. Mañana piensan llamar a la familia de Francisco.	O	O

4 **Relaciones amorosas** Listen as Susana describes what happened between her and Pedro. Then answer the questions in your lab manual.

1. ¿Por qué no pudo salir Susana con Pedro? _____

2. ¿Qué supo por su amiga? _____

3. ¿Cómo se puso ella cuando Pedro llamó? _____

4. ¿Qué le dijo Susana a Pedro? _____

Audio Activities

9.3 ¿Qué? and ¿cuál?

1 **¿Lógico o ilógico?** You will hear some questions and the responses. Decide if they are **lógico** or **ilógico**.

1. Lógico	Ilógico	5. Lógico	Ilógico
2. Lógico	Ilógico	6. Lógico	Ilógico
3. Lógico	Ilógico	7. Lógico	Ilógico
4. Lógico	Ilógico	8. Lógico	Ilógico

2 **Preguntas** You will hear a series of responses to questions. Using **¿qué?** or **¿cuál?**, form the question that prompted each response. Repeat the correct answer after the speaker. (*8 items*)

> **modelo**
>
> Santiago de Chile es la capital de Chile.
> ¿Cuál *es la capital de Chile?*

3 **De compras** Look at Marcela's shopping list for Christmas and answer each question you hear. Repeat the correct response after the speaker. (*6 items*)

Raúl	2 camisas, talla 17
Cristina	blusa, color azul
Pepe	bluejeans y tres pares de calcetines blancos
Abuelo	cinturón
Abuela	suéter blanco

4 **Escoger** Listen to this radio commercial and choose the most logical response to each question.

1. ¿Qué hace Fiestas Mar?
   a. Organiza fiestas.   b. Es una tienda que vende cosas para fiestas.   c. Es un club en el mar.

2. ¿Para qué tipo de fiesta no usaría Fiestas Mar?
   a. Para una boda.   b. Para una fiesta de sorpresa.   c. Para una cena con los suegros.

3. ¿Cuál de estos servicios no ofrece Fiestas Mar?
   a. Poner las decoraciones.   b. Proveer (*Provide*) el lugar.   c. Proveer los regalos.

4. ¿Qué tiene que hacer el cliente si usa Fiestas Mar?
   a. Tiene que preocuparse por la lista de invitados.   b. Tiene que preocuparse por la música.
   c. Tiene que preparar la comida.

5. Si uno quiere contactar Fiestas Mar, ¿qué debe hacer?
   a. Debe escribirles un mensaje electrónico.   b. Debe llamarlos.   c. Debe ir a Casa Mar.

Audio Activities

9.4 Pronouns after prepositions

1 **Cambiar** Listen to each statement and say that the feeling is not mutual. Use a pronoun after the preposition in your response. Then repeat the correct answer after the speaker. (*6 items*)

> **modelo**
> Carlos quiere desayunar con nosotros.
> *Pero nosotros no queremos desayunar con él.*

2 **Preguntas** Answer each question you hear using the appropriate pronoun after the preposition and the cue in your lab manual. Repeat the correct response after the speaker.

> **modelo**
> *You hear:* ¿Almuerzas con Alberto hoy?
> *You see:* No
> *You say:* No, no almuerzo con él hoy.

1. Sí
2. Luis
3. Sí
4. Sí
5. No
6. Francisco

3 **Preparativos (*Preparations*)** Listen to this conversation between David and Andrés. Then answer the questions in your lab manual.

1. ¿Qué necesitan comprar para la fiesta?

   _____

2. ¿Con quién quiere Alfredo ir a la fiesta?

   _____

3. ¿Por qué ella no quiere ir con él?

   _____

4. ¿Con quién va Sara?

   _____

5. ¿Para quién quieren comprar algo especial?

   _____

vocabulario

You will now hear the vocabulary found in your textbook on the last page of this lesson. Listen and repeat each Spanish word or phrase after the speaker.

Audio Activities

escritura

Estrategia
Writing in Spanish

Why do we write? All writing has a purpose. For example, we may write a poem to reveal our innermost feelings, a letter to impart information, or an essay to persuade others to accept a point of view. Proficient writers are not born, however. Writing requires time, thought, effort, and a lot of practice. Here are some tips to help you write more effectively in Spanish.

DO...

▶ try to write your ideas in Spanish.

▶ use the grammar and vocabulary that you know.

▶ use your textbook for examples of style, format, and expression in Spanish.

▶ use your imagination and creativity.

▶ put yourself in your reader's place to determine if your writing is interesting.

AVOID...

▶ translating your ideas from English to Spanish.

▶ simply repeating what is in the textbook or on a web page.

▶ using a dictionary until you have learned how to use foreign language dictionaries.

Tema
Hacer una lista

Antes de escribir

1. You are going to create a telephone/address list that includes important names, numbers, and websites that will be helpful in your study of Spanish. It should include this information:

   ▶ names, phone numbers, and e-mail addresses of at least four classmates

   ▶ your teacher's name, e-mail address, and phone number

   ▶ three phone numbers and e-mail addresses of locations related to your study of Spanish

   ▶ five electronic resources for students of Spanish

2. Write down the names of the classmates you want to include in your list.

3. Interview your classmates and your teacher to find out the information you need to include. Use the following questions and write down their responses.

Informal	Formal
¿Cómo te llamas?	¿Cómo se llama?
¿Cuál es tu número de teléfono?	¿Cuál es su número de teléfono?
¿Cuál es tu dirección electrónica?	¿Cuál es su dirección electrónica?

4. Think of three places in your community that you could use to help in your study of Spanish. They could be a library, a Spanish-language bookstore, a Spanish-language television station, a Spanish-language radio station, a Hispanic community center, or another kind of Hispanic organization. Find out their e-mail addresses and telephone numbers and write them down.

5. Go online and do a search for five good websites that are dedicated to the study of Spanish as a second language, or that offer international keypals from Spanish-speaking countries. Write down their URLs.

Writing Activities

Escribir

Write your complete list, making sure it includes all the relevant information. It should include at least five people (with their phone numbers and e-mail addresses), three places (with phone numbers and e-mail addresses), and five websites (with URLs). Avoid using a dictionary and just write what you can in Spanish.

Después de escribir

1. Exchange your list with a partner. Comment on his or her work by answering the following questions.

   ▶ Did your partner include the correct number of people, places, and websites?

   ▶ Did your partner include the pertinent information for each person, place, or website?

2. Edit your partner's work, pointing out any spelling or content errors. Notice the use of these editing symbols:

ℐ	delete
∧	insert letter or word(s) in margin
|	replace letter or word(s) with one(s) inserted in margin
≡	change to uppercase
/	change to lowercase
∿	transpose indicated letters or words

Now look at this model of what an edited draft looks like:

r Nombe: Sally
é Teléfono: 655–8888
   DIrección electrónica: sally@uru.edu

   Nombre: Profesor José ramón Casas
Teléfono: 655–8090
   Dirección electrónica: jrcasas@uru.edu

3. Revise your list according to your partner's comments and corrections. After writing the final version, read it one more time to eliminate these kinds of problems:

   ▶ spelling errors

   ▶ punctuation errors

   ▶ capitalization errors

escritura

Estrategia
Brainstorming

How do you find ideas to write about? In the early stages of writing, brainstorming can help you generate ideas on a specific topic. You should spend ten to fifteen minutes brainstorming and jotting down any ideas about the topic that occur to you. Whenever possible, try to write down your ideas in Spanish. Express your ideas in single words or phrases, and jot them down in any order. While brainstorming, don't worry about whether your ideas are good or bad. Selecting and organizing ideas should be the second stage of your writing. Remember that the more ideas you write down while you're brainstorming, the more options you'll have to choose from later when you start to organize your ideas.

Me gusta...
bailar
caminar
conversar
la clase de arte
la clase de contabilidad

No me gusta...
descansar
estudiar
trabajar
la clase de historia
la clase de literatura

Tema
Una descripción

Antes de escribir

1. You will be writing a description of yourself that includes your name, where you are from, where you go to school, the courses you are taking, where you work (if you have a job), and some of the things you like and dislike. Use the following chart to brainstorm information about your likes and dislikes.

Me gusta...	No me gusta...

2. Now take that information and fill out this table to help you organize the information you need to include in your description.

Me llamo...	(name).
Soy de...	(where you are from).
Estudio...	(names of classes) **en** (name of school).
No trabajo. / Trabajo en...	(place where you work).
Me gusta...	(activities you like).
No me gusta...	(activities you dislike).

Escribir

Use the information from the second chart to write a paragraph describing yourself. Make sure you include all the information from the chart in your paragraph. Use the structures provided for each topic.

Después de escribir

1. Exchange a rough draft of your description with a partner. Comment on his or her work by answering these questions:

   ▶ Did your partner include all the necessary information (at least six facts)?
   ▶ Did your partner use the structures provided in the chart?

2. Revise your description according to your partner's comments. After writing the final version, read it one more time to eliminate these kinds of problems:

   ▶ spelling errors
   ▶ punctuation errors
   ▶ capitalization errors
   ▶ use of the wrong verb form

escritura

Estrategia
Using idea maps

How do you organize ideas for a first draft? Often, the organization of ideas represents the most challenging part of the process. Idea maps are useful for organizing pertinent information. Here is an example of an idea map you can use:

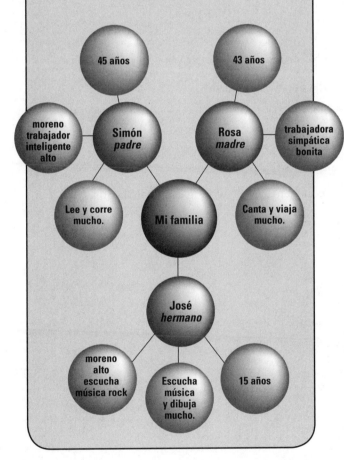

MAPA DE IDEAS

Tema
Escribir una carta

Antes de escribir

1. You are going to write a letter that includes a description of your family. Before you begin, create an idea map like the one at left, with a circle for each member of your family. Be sure to include information from each of these categories for each family member:

   ▶ Names and their relationship to you
   ▶ Physical characteristics
   ▶ Hobbies and interests

2. Once you have completed your idea map, compare it with the one created by a classmate. Did you both include the same kind of information? Did you list all your family members? Did you include information from each of the three categories for each person?

3. Since you will be writing a letter, review these useful expressions for letter-writing in Spanish, and note the accompanying punctuation marks:

Salutations

Estimado/a Julio/Julia:	*Dear Julio/Julia,*
Querido/a Miguel/Ana María:	*Dear Miguel/Ana María,*

Closings

Un abrazo,	*A hug,*
Abrazos,	*Hugs,*
Cariños,	*Much love,*
¡Hasta pronto!	*See you soon!*
¡Hasta la semana próxima!	*See you next week!*

Escribir

Use your idea map and the list of letter-writing expressions to write a letter that describes your family to a friend. Be sure to include some of the verbs and adjectives you have learned in this lesson, along with present-tense forms of **-ar**, **-er**, and **-ir** verbs.

Después de escribir

1. Exchange rough drafts with a partner. Comment on his or her work by answering these questions:

   ▶ Did your partner make the adjectives agree with the person described?
   ▶ Did your partner include the age, family relationship, physical characteristics, and hobbies and interests of each family member?
   ▶ Did your partner use present tense forms of **-ar**, **-er**, and **-ir** verbs correctly?
   ▶ Did your partner use the letter-writing expressions correctly?

2. Revise your description according to your partner's comments. After writing the final version, read it once more to eliminate these kinds of problems:

   ▶ spelling errors
   ▶ punctuation errors
   ▶ capitalization errors
   ▶ use of the wrong verb form
   ▶ adjectives that do not agree with the nouns they modify

escritura

Estrategia
Using a dictionary

A common mistake made by beginning language learners is to embrace the dictionary as the ultimate resource for reading, writing, and speaking. While it is true that the dictionary is a useful tool that can provide valuable information about vocabulary, using the dictionary correctly requires that you understand the elements of each entry.

If you glance at a Spanish-English dictionary, you will notice that its format is similar to that of an English dictionary. The word is listed first, usually followed by its pronunciation. Then come the definitions, organized by parts of speech. Sometimes the most frequently used definitions are listed first.

To find the best word for your needs, you should refer to the abbreviations and the explanatory notes that appear next to the entries. For example, imagine that you are writing about your pastimes. You want to write, "I want to buy a new racket for my match tomorrow," but you don't know the Spanish word for "racket." In the dictionary, you may find an entry like this:

racket s 1. alboroto; 2. raqueta (*dep.*)

The abbreviation key at the front of the dictionary says that *s* corresponds to **sustantivo** (*noun*). Then, the first word you see is **alboroto.** The definition of **alboroto** is *noise* or *racket*, so **alboroto** is probably not the word you're looking for. The second word is **raqueta,** followed by the abbreviation *dep.*, which stands for **deportes.** This indicates that the word **raqueta** is the best choice for your needs.

Tema
Escribir un folleto

Antes de escribir

1. You are going to choose one of the following topics to use while creating a pamphlet. Read the three choices and decide which one you will choose.

   ▶ You are on the Homecoming Committee at your school this year. Create a pamphlet that lists events for Friday night, Saturday, and Sunday. Include a brief description of each event and its time and location. Include activities for different age groups, since some alumni will bring their families.

   ▶ You are on the Freshman Student Orientation Committee and are in charge of creating a pamphlet for new students describing the sports offered at your school. Write the flyer, including a variety of activities.

   ▶ You volunteer at your community's recreation center. It is your job to market your community to potential residents. Write a brief pamphlet that describes the recreational opportunities your community provides, the areas where the activities take place, and the costs, if any. Be sure to include activities that will appeal to singles as well as couples and families; you should include activities for all age groups and for both men and women.

2. Once you have chosen your topic, reread it and think about the vocabulary you will need to write about this topic. Use the chart below to jot down all the words in Spanish that you can think of that are related to the topic. Then, review the end vocabulary lists in your textbook for **Lecciones 1–4**. Add any words from those lists that you think might be useful. Finally, look at the words you have written down. Are there any key words you can think of in English that you would like to use in Spanish? Create a list of key words you need to look up in a dictionary.

Spanish words related to topic	Additional Spanish words from lists	New words I need in Spanish
		English word / Spanish word:

3. Look up your key words in the dictionary, making sure that you follow the procedure described in the **Estrategia** box.

Escribir

Write your pamphlet. As you write, refer to the vocabulary chart you created. Since you are writing a pamphlet, make sure you create one major title for the front. Then create sections within your text and give them subtitles, such as **Friday Night, Saturday, Sunday, Sports for Boys, Sports for Girls, Recreational Opportunities, Location, Costs**, etc. If you want to add a drawing or a downloaded photo or other graphic, feel free to do so, but make sure it illustrates something in the text nearby.

Después de escribir

1. Exchange rough drafts with a partner. Comment on his or her work by answering the following questions:

   ▶ Did your partner thoroughly cover the topic he or she chose for the pamphlet?

   ▶ Did your partner give the pamphlet a main title and include a subtitle for each section of text?

   ▶ If your partner included visuals, do they illustrate the text near them?

   ▶ Did your partner use appropriate vocabulary to describe the topic?

   ▶ Did your partner use present-tense verb forms correctly?

2. Revise your pamphlet according to your partner's comments. After writing the final version, read it one more time to eliminate these kinds of problems:

   ▶ spelling errrors

   ▶ punctuation errors

   ▶ capitalization errors

   ▶ use of the wrong present-tense verb form

   ▶ adjectives that do not agree with the nouns they modify

escritura

Lección 5

Estrategia
Making an outline

When we write to share information, an outline can serve to separate topics and subtopics, providing a framework for the presentation of data. Consider the following excerpt from an outline of the tourist brochure on pages 180–181 of your textbook.

IV. Excursiones
    A. Bahía Fosforescente
        1. Salidas de noche
        2. Excursión en barco
    B. Parque Nacional Foresta
        1. Museo de Arte Nativo
        2. Reserva Mundial de la Biosfera

Mapa de ideas

Idea maps can be used to create outlines. (To review the use of idea maps, see **Lección 3 Escritura**.) The major sections of an idea map correspond to the Roman numerals in an outline. The minor idea map sections correspond to the outline's capital letters, and so on. Consider the idea map that led to the outline above.

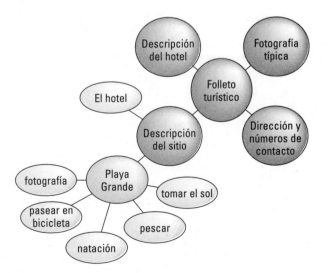

Tema
Escribir un folleto

Antes de escribir

1. You are going to write a tourist brochure for a hotel or resort, real or imaginary. Create an outline or an idea map choosing information from each of the following categories. Be sure to include at least four minor sections in your outline or idea map. If you have selected a real hotel or resort and need more ideas, research it online to find more information about it.

I. II. III. IV. (Major sections)	A. B. C. D. (Minor sections)	1. 2. 3. 4. (Details of minor sections)
► name of hotel/resort	► description of exterior, interior, surrounding area, activities ► how to contact	► phone and fax numbers ► address of website ► e-mail address ► climate ► cultural attractions ► scenic natural attractions ► local geography ► recreational activities ► room layout and contents ► internal facilities ► grounds ► external facilities

2. Once you have created your outline, think of any other information not in the categories above that you would like to include and add it to the appropriate sections.

Escribir

Use your outline or idea map to create a tourist brochure for the hotel or resort you chose. Create a title for the brochure, as well as a title for each of the minor sections. Each minor section should have its own title and exist separately from the other sections. If you want to include drawings or downloaded visuals from the Internet, make sure you place them next to relevant sections of text.

Después de escribir

1. Exchange your outline and rough drafts with a partner. Comment on his or her work by answering these questions:

   ▶ Does your partner's rough draft match the outline or idea map that he or she created?

   ▶ Did your partner include at least four minor sections in the brochure?

   ▶ Does each minor section have a separate title?

   ▶ Does each minor section include some additional details about that topic?

   ▶ If your partner included visuals, do they help illustrate the text around them?

   ▶ Did your partner use **ser** and **estar** correctly when describing the hotel or resort?

   ▶ Did your partner use present-tense verb forms correctly?

   ▶ Did your partner include adjectives that describe the hotel or resort in detail?

2. Revise your description according to your partner's comments. After writing the final version, read it once more to eliminate these kinds of problems:

   ▶ spelling errors

   ▶ punctuation errors

   ▶ capitalization errors

   ▶ noun-adjective agreement errors

   ▶ incorrect use of **ser** and **estar**

   ▶ use of the wrong verb form

escritura

Estrategia
How to report an interview

There are several ways to prepare a written report about an interview. For example, you can transcribe the interview verbatim, you can simply summarize it, or you can summarize it but quote the speakers occasionally. In any event, the report should begin with an interesting title and a brief introduction, which may include the English five Ws (*what, where, when, who, why*) and H (*how*) of the interview. The report should end with an interesting conclusion. Note that when you transcribe dialogue in Spanish, you should pay careful attention to format and punctuation.

Writing dialogue in Spanish

▶ If you need to transcribe an interview verbatim, you can use speakers' names to indicate a change of speaker.

LILIANA	Generalmente, ¿cuándo vas de compras?
LUIS	Bueno, normalmente voy los fines de semana. No tengo tiempo durante la semana.
LILIANA	¿Qué compraste el fin de semana pasado?
LUIS	Me compré un par de zapatos y unos regalos para mi abuelo.
LILIANA	¿Y gastaste mucho dinero?
LUIS	No, porque encontré unas gangas en el almacén. También compré unas cosas en el mercado al aire libre, donde es posible regatear un poco.

▶ You can also use a dash (*raya*) to mark the beginning of each speaker's words.
—¿Encontraste unas gangas?
—Sí... me compré un impermeable y unos pantalones.
—¿Dónde los compraste?
—Los compré en el almacén Ofertas, cerca del centro.

Tema
Escribe un informe

Antes de escribir

1. You are going to write a report for the school newspaper about a friend's shopping habits and clothing preferences. To begin, you will brainstorm a list of questions to use when you interview your friend. Look at the categories of question words in the chart and try to come up with at least two questions for each category. You should choose from these questions as well as create some of your own.

▶ ¿Cuándo vas de compras?
▶ ¿Con quién vas de compras?
▶ ¿Adónde vas de compras?
▶ ¿Qué tiendas, almacenes o centros comerciales prefieres?
▶ ¿Por qué prefieres comprar ropa barata/cara?
▶ ¿Te gusta buscar gangas?
▶ ¿Qué ropa llevas cuando vas a clase?
▶ ¿Qué ropa llevas cuando sales a bailar?
▶ ¿Qué ropa llevas cuando practicas un deporte?
▶ ¿Cuáles son tus colores favoritos? ¿Qué ropa compras de esos colores?
▶ ¿Le das ropa a tu familia? ¿Y a tus amigos/as? ¿A quién?

¿Cuándo?	1. 2.
¿Por qué?	1. 2.
¿Qué?	1. 2.
¿Con quién? / A quién?	1. 2.
¿Adónde?	1. 2.
¿Cuál(es)?	1. 2.
¿Te gusta(n)...?	1. 2.

Writing Activities

2. Once you have completed the chart, choose at least 12 questions you will use during your interview.

3. Once you have finalized your questions, take notes on the answers you receive. Then organize that information into categories such as clothing preferences, color preferences, people to shop with and for, places to shop, clothing prices, and shopping times.

Escribir

Write a report about your interview. Make sure you include all the information for each of the categories you created above. Summarize your findings, and quote the person you interviewed at least twice. Make sure you end your report with an interesting conclusion.

Modelo Hablando de la ropa que lleva Shannon, le pregunté: —¿Qué tipo de ropa prefieres cuando sales a bailar?— Ella me contestó: —¡A mí me gusta la ropa elegante y cara!— Es obvio que ella no busca gangas cuando sale de compras.

Después de escribir

1. Exchange rough drafts with a partner. Comment on his or her work by answering these questions:

   ▶ Did your partner include information in a variety of categories?
   ▶ Did your partner include at least two direct quotes in his or her report?
   ▶ Did your partner use the correct style when writing the quotes?
   ▶ Did your partner use present-tense verb forms correctly?
   ▶ Did your partner use preterite verb forms correctly?

2. Revise your description according to your partner's comments. After writing the final version, read it once more to eliminate these kinds of problems:

   ▶ spelling errors
   ▶ punctuation errors
   ▶ capitalization errors
   ▶ use of the wrong present-tense verb form
   ▶ use of the wrong preterite verb form
   ▶ correct use of direct and indirect object pronouns
   ▶ adjectives that do not agree with the nouns they modify

escritura

Lección 7

Estrategia
Sequencing events

Paying strict attention to sequencing in a narrative will ensure that your writing flows logically from one part to the next.

Every composition should have an introduction, a body, and a conclusion. The introduction presents the subject, the setting, the situation, and the people involved. The main part, or the body, describes the events and people's reactions to these events. The conclusion brings the narrative to a close.

Adverbs and adverbial phrases are sometimes used as transitions between the introduction, the body, and the conclusion. Here is a list of commonly used adverbs in Spanish:

Adverbios

además; también	*in addition; also*
al principio; en un principio	*at first*
antes (de)	*before*
después	*then*
después (de)	*after*
entonces; luego	*then*
más tarde	*later*
primero	*first*
pronto	*soon*
por fin, finalmente	*finally*
al final	*finally*

Tema
Escribe tu rutina

Antes de escribir

1. Vas a escribir una descripción de tu rutina diaria en uno de estos lugares, o en algún otro lugar interesante de tu propia (*your own*) invención:

   ▶ una isla desierta
   ▶ el Polo Norte
   ▶ un crucero (*cruise*) transatlántico
   ▶ un desierto

2. Mira el esquema (*diagram*) en la próxima página, donde vas a escribir los detalles de tu rutina diaria. Antes de escribir tus actividades en el esquema, considera cómo cambian algunos de los elementos más básicos de tu rutina en el lugar que escogiste (*you chose*). Por ejemplo, ¿dónde te acuestas en el Polo Norte? ¿Cómo te duchas en el desierto?

3. Haz una lista de palabras clave que ya conoces o que necesitas saber para escribir tu descripción.

Palabras clave que ya conozco	Palabras clave que necesito saber

4. Ahora completa el esquema. Escribe detalles sobre el lugar y sobre las personas de ese lugar en el círculo marcado **Introducción**. Luego usa verbos reflexivos para escribir seis actividades diarias en su secuencia normal en los seis cuadros (*boxes*). Finalmente, escribe detalles sobre tus opiniones del lugar y de tu vida allí en el círculo marcado **Conclusión**.

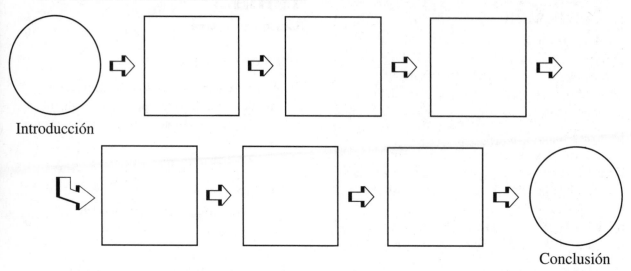

Introducción

Conclusión

5. Ahora, mira el esquema otra vez. ¿Qué adverbios puedes añadir al esquema para acentuar la secuencia de las actividades? Escríbelos encima de (*above*) cada cuadro del esquema.

Escribir

Usa el esquema y la lista de palabras clave para escribir tu narración. La narración debe tener una introducción (la información del primer círculo del esquema), una parte central (las actividades de los ocho cuadros) y una conclusión (la información del segundo círculo). También debes incluir los adverbios que escribiste encima de los cuadros para indicar la secuencia de las actividades.

Después de escribir

1. Intercambia tu borrador (*rough draft*) con un(a) compañero/a. Coméntalo y contesta estas preguntas.

   ▶ ¿Escribió tu compañero/a una introducción con detalles sobre el lugar y las personas de ese lugar?

   ▶ ¿Escribió tu compañero/a una parte central con ocho actividades de su rutina diaria?

   ▶ ¿Usó tu compañero/a adverbios para indicar la secuencia de las actividades?

   ▶ ¿Escribió tu compañero/a una conclusión con sus opiniones del lugar y de su vida allí?

   ▶ ¿Usó tu compañero/a correctamente los verbos reflexivos?

   ▶ ¿Qué detalles añadirías (*would you add*)? ¿Qué detalles quitarías (*would you delete*)? ¿Qué otros comentarios tienes para tu compañero/a?

2. Revisa tu narración según los comentarios de tu compañero/a. Después de escribir la versión final, léela otra vez para eliminar errores de:

   ▶ ortografía (*spelling*)

   ▶ puntuación

   ▶ uso de letras mayúsculas (*capital*) y minúsculas (*lowercase*)

   ▶ concordancia (*agreement*) entre sustantivos (*nouns*) y adjetivos

   ▶ uso de verbos reflexivos

   ▶ uso de verbos en el presente de indicativo (*present tense*)

Writing Activities

escritura

Estrategia
Expressing and supporting opinions

Written reviews are just one of the many kinds of writing which require you to state your opinions. In order to convince your reader to take your opinions seriously, it is important to support them as thoroughly as possible. Details, facts, examples, and other forms of evidence are necessary. In a restaurant review, for example, it is not enough just to rate the food, service, and atmosphere. Readers will want details about the dishes you ordered, the kind of service you received, and the type of atmosphere you encountered. If you were writing a concert or album review, what kinds of details might your readers expect to find?

It is easier to include details that support your opinions if you plan ahead. Before going to a place or event that you are planning to review, write a list of questions that your readers might ask. Decide which aspects of the experience you are going to rate and list the details that will help you decide upon a rating. You can then organize these lists into a questionnaire and a rating sheet. Bring these forms with you to help you form your opinions and to remind you of the kinds of information you need to gather in order to support these opinions. Later, these forms will help you organize your review into logical categories. They can also provide the details and other evidence you need to convince your readers of your opinions.

Tema
Escribir una crítica

Antes de escribir

1. Vas a escribir una crítica culinaria (*restaurant review*) sobre un restaurante local. Antes de escribirla, tienes que preparar un cuestionario y una hoja de evaluación (*rating sheet*) para formar tus opiniones y para recordar la información que vas a incluir en tu crítica del restaurante.

2. Trabaja con un(a) compañero/a de clase para crear un cuestionario. Pueden usar las siguientes preguntas u otras de su propia invención. Deben incluir las cuatro categorías indicadas.

   ▶ La comida
   ¿Qué tipo de comida es? ¿Qué tipo de ingredientes usan? ¿Es de buena calidad? ¿Cuál es el mejor plato? ¿Y el peor? ¿Quién es el chef?

   ▶ El servicio
   ¿Es necesario esperar mucho por una mesa? ¿Tienen los camareros un buen conocimiento del menú? ¿Atienden a los clientes con rapidez (*speed*) y cortesía?

   ▶ El ambiente (*atmosphere*)
   ¿Cómo es la decoración del restaurante? ¿Es el ambiente informal o elegante? ¿Hay música o algún tipo de entretenimiento (*entertainment*)?

   ▶ Información práctica
   ¿Cómo son los precios? ¿Se aceptan tarjetas de crédito? ¿Cuál es la dirección y el número de teléfono? ¿Quién es el/la dueño/a? ¿El/La gerente?

3. Después de escribir el cuestionario, usen las cuatro categorías y la lista de preguntas para crear una hoja de evaluación. Un restaurante recibe cinco estrellas (*stars*) si es buenísimo; recibe sólo una estrella si es malísimo. Miren este ejemplo de cómo se puede organizar una hoja de evaluación.

4. Después de crear la hoja de evaluación, úsala para evaluar un restaurante que conoces. Si lo conoces muy bien, quizás no es necesario comer allí para completar la hoja de evaluación. Si no lo conoces muy bien, debes comer en el restaurante y usar la hoja de evaluación para comentar tu experiencia. Trata de incluir comparativos y superlativos cuando escribas tus comentarios y opiniones.

Nombre del restaurante:	Número de estrellas:
1. La comida	
Tipo:	
Ingredientes:	
Calidad:	
Mejor plato:	
Peor plato:	
Datos (*Facts*) sobre el/la chef:	

Escribir

Usa la hoja de evaluación que completaste para escribir tu crítica culinaria. Escribe seis párrafos cortos:

1. una introducción para indicar tu opinión general del restaurante y el número de estrellas que recibió
2. una descripción de la comida
3. una descripción del servicio
4. una descripción del ambiente
5. un párrafo para dar información práctica sobre el restaurante
6. una conclusión para recalcar (*to stress*) tu opinión y dar una sugerencia para mejorar el restaurante

Después de escribir

1. Intercambia tu borrador con un(a) compañero/a de clase. Coméntalo y contesta estas preguntas.

   ▶ ¿Escribió tu compañero/a una introducción con una evaluación general del restaurante?
   ▶ ¿Escribió tu compañero/a párrafos sobre la comida, el servicio, el ambiente y uno con información práctica?
   ▶ ¿Escribió tu compañero/a una conclusión con una opinión y una sugerencia para el restaurante?
   ▶ ¿Usó tu compañero/a comparativos y superlativos para describir el restaurante?
   ▶ ¿Qué detalles añadirías (*would you add*)? ¿Qué detalles quitarías (*would you delete*)? ¿Qué otros comentarios tienes para tu compañero/a?

2. Revisa tu narración según los comentarios de tu compañero/a. Después de escribir la versión final, léela otra vez para eliminar errores de:

   ▶ ortografía
   ▶ puntuación
   ▶ uso de letras mayúsculas y minúsculas
   ▶ concordancia entre sustantivos y adjetivos
   ▶ uso de verbos en el presente de indicativo (*present tense*)
   ▶ uso de verbos en el pretérito
   ▶ uso de comparativos y superlativos

escritura

Estrategia

Planning and writing a comparative analysis

Writing any kind of comparative analysis requires careful planning. Venn diagrams are useful for organizing your ideas visually before comparing and contrasting people, places, objects, events, or issues. To create a Venn diagram, draw two circles that overlap and label the top of each circle. List the differences between the two elements in the outer rings of the two circles, then list their similarities where the two circles overlap. Review this example.

Diferencias y similitudes

El aniversario de los Sres. González

La ceremonia de graduación de Ernestina

Diferencias:
1. No hay una ceremonia formal.
2. La celebración tiene lugar por la noche.

Similitudes:
1. La familia invita a muchos familiares y amigos para celebrar.
2. Hay una comida especial para los invitados.

Diferencias:
1. Hay una ceremonia formal.
2. La ceremonia se celebra durante el día.

La lista de palabras y expresiones a la derecha puede ayudarte a escribir este tipo de ensayo (*essay*).

Tema

Escribir una composición

Antes de escribir

1. Vas a comparar dos celebraciones familiares a las que tú asististe recientemente. Puedes escoger entre una fiesta de cumpleaños, aniversario o graduación, una boda, una quinceañera u otro tipo de celebración familiar.

2. Completa un diagrama Venn con las diferencias y similitudes de las dos celebraciones. Trata de incluir por lo menos tres ideas para cada sección del diagrama.

Diferencias y similitudes

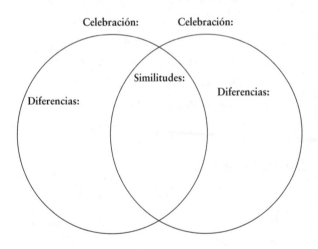

Celebración: _____   Celebración: _____

Similitudes:

Diferencias: Diferencias:

Escribir

1. Usa el diagrama Venn que completaste para ayudarte a escribir una composición en la que comparas las dos celebraciones.

2. Tu composición debe incluir cuatro párrafos cortos:

   ► un párrafo que sirva de introducción y que identifique las dos celebraciones
   ► uno que describa las diferencias entre las dos celebraciones
   ► uno que describa las similitudes entre las dos celebraciones
   ► uno que sirva de conclusión y que incluya tus opiniones sobre las dos celebraciones

3. Usa palabras y expresiones de esta lista para expresar las diferencias y las similitudes.

Para expresar diferencias	
a diferencia de	unlike
a pesar de	in spite of
aunque	although
en cambio	on the other hand
más/menos que	more/less... than
no obstante	nevertheless; however
por otro lado	on the other hand
por el contrario	on the contrary
sin embargo	nevertheless; however

Para expresar similitudes	
además; también	in addition; also
al igual que	the same as
como	as; like
de la misma manera	in the same manner (way)
del mismo modo	in the same manner (way)
tan + [*adjetivo*] + como	as + [adjective] + as
tanto/a(s) + [*sustantivo*] + como	as many/much + [noun] as

Después de escribir

1. Intercambia tu borrador con un(a) compañero/a de clase. Coméntalo y contesta estas preguntas.

   ► ¿Escribió tu compañero/a una introducción que identifica las dos celebraciones?
   ► ¿Escribió tu compañero/a un párrafo sobre las diferencias entre las dos celebraciones?
   ► ¿Escribió tu compañero/a un párrafo sobre las similitudes entre las dos celebraciones?
   ► ¿Escribió tu compañero/a una conclusión que incluye sus opiniones sobre las dos celebraciones?
   ► ¿Usó tu compañero/a palabras de la lista para expresar diferencias y similitudes?
   ► ¿Usó tu compañero/a comparativos y superlativos para comparar las dos celebraciones?
   ► ¿Qué detalles añadirías (*would you add*)? ¿Qué detalles quitarías (*would you delete*)? ¿Qué otros comentarios tienes para tu compañero/a?

2. Revisa tu narración según los comentarios de tu compañero/a. Después de escribir la versión final, léela otra vez para eliminar errores de:

   ► ortografía y puntuación
   ► uso de letras mayúsculas y minúsculas
   ► concordancia entre sustantivos y adjetivos
   ► uso de verbos en el presente de indicativo
   ► uso de verbos en el pretérito
   ► uso de comparativos y superlativos